TUTIS PER A TOTHOM!

PARAULÒGIC

Amb la col·laboració de:

VilaWeb RODAMOTS Cada dia un mot

Primera edició: abril del 2023

Ara Llibres
Perú, 186
08020 - Barcelona
www.arallibres.cat

L'equip que ha treballat per fer possible aquest llibre està format pel director editorial, Joan Carles Girbés; els editors, Gerard Espelt, Aissata M'ballo i Marta Abella; l'editora de taula, Mònica N. Irún i l'estudiant en pràctiques Iñaki Villanova; el *publisher*, Xavier Mallafré; l'equip de comunicació i màrqueting, Alba Nebot, Mireia Marimont i Sònia Herrera; i l'equip de *controlling*, Alba Morcillo i Elisenda Freixas.

Disseny de coberta, disseny gràfic i il·lustracions: Maria Miró
Disseny gràfic Rodamots i Paraulògic: Mònica Ramoneda
Correcció: Clara Mas
Impressió: Gómez Aparicio

ISBN: 978-84-18928-90-1
Dipòsit legal: B 6639-2023

Agnès Rotger Dunyó i Jordi Palou

TUTIS PER A TOTHOM!
PARAULÒGIC

arallibres

Tutis per a tothom!

Ens encanten els tutis! Els nets o perfectes, que gasten totes les lletres del rusc una sola vegada, i també els imperfectes, que repeteixen lletres sense manies. Ens agraden **els fàcils, els que ens porten feina i els que semblen impossibles** i ens obliguen a fer una miradeta –amb una mica de recança– al diccionari o, en el pitjor dels casos, a les solucions. I un cop tenim els més lluïts al sac, anem a la caça de les paraules de totes les mides. Algunes tenen glamur i altres potser no tant, però ja hem agafat empenta i no hi ha qui ens pari. **Que el comptador tregui fum!**

Al llibre que teniu a les mans, com a l'anterior *El Llibre del Paraulògic*, hi trobareu **una pila de jocs i reptes** (prop de nou cents!) per donar una salsa extra a la vostra cerca diària de paraules en línia. Són **enigmes de tota mena i per a tots els moments**, tant si us heu llevat inspirats com si encara us falten un parell de cafès per activar les neurones. **No us cal tenir cap màster** en filologia per poder-los fer, i encara que estan pensats per a adults, els adolescents i, en alguns casos, la canalla també hi podran participar. Hi podeu jugar **sols, en parella, en grup** i és un entreteniment excel·lent per anar de viatge, tant si ho feu sols com amb la família o els amics.

Igual que al Paraulògic digital, **totes les paraules** que us proposem que trobeu estan recollides al ***Diccionari de la llengua catalana* de l'Institut d'Estudis Catalans** (DIEC2), la font més oficial de les que es fan i es desfan. Però també us advertim que **som una mica gamberres** (mot perfectament normatiu; el femení genèric de moment no tant) i a vegades l'explicació que donem per trobar una paraula no és ben bé la que apareix al diccionari. Que no s'esveri ningú, que **la llengua és viva i el Paraulògic també**, esperem que per molts anys! I no desesperem, tard o d'hora el DIEC admetrà *tiet* i *tieta*! (de més verdes en maduren).

Finalment, un **aclariment**: aquest llibre no és un tractat científic ni filològic i no pretén ser exhaustiu en res (per no ser, els seus autors ni tan sols són filòlegs). Això vol dir que pot ser que quan parlem de frases fetes hi trobeu a faltar la que dèieu a casa, o que se us acudeixi el nom d'una planta que no apareix a la llista que us hem proposat. La llengua és molt rica i no cap dins de cap llibre. Per sort!

Com funciona el llibre?

Això és igual que al Paraulògic en línia...

- Es tracta de trobar paraules **combinant les lletres** que apareixen al rusc, incloent-hi obligatòriament **la del mig**.
- Les paraules han de tenir **3 lletres com a mínim** (poden ser repetides).
- A cada rusc hi ha com a mínim un **tuti**, que és una paraula que conté **totes les lletres**. Si només les inclou una vegada, diem que és un **tuti net**.
- **Només són vàlides** les paraules que surten al diccionari normatiu, el **DIEC2**, i en la forma en què apareixen, i per tant:
    - Dels **verbs** només són vàlids els **infinitius**. En cas de verbs que només tenen forma reflexiva (per exemple **cruspir-se**) no cal posar-hi el pronom.
    - **No** hi ha **noms** propis.
    - **No** hi surten **plurals**, però sí les formes femenines de noms i adjectius.

... i això és diferent

- Aquí l'objectiu no és trobar tantes paraules com es pugui, sinó d'**endevinar** les que s'amaguen al rusc **gràcies als jocs** que proposem.
- Com que no hi ha puntuació, tenen el **mateix valor les paraules curtes com les llargues**. Sabem que els tutis tenen un encant especial, però n'hi ha de més breus que poden ser tan engrescadores de trobar o més!
- A més de buscar paraules, gràcies a les endevinalles hi trobareu curiositats, **històries** que potser no coneixíeu i un punt d'**humor**.
- Quan no aconseguiu esbrinar una paraula, o quan vulgueu comprovar si ho heu fet bé, ho podeu consultar a les **Solucions**, que estan al final del llibre.

A la vostra manera!
No cal dir que podeu començar pel començament, pel final, pel mig, fer-ne un sí i un no o bé saltar-vos-en algun si se us entravessa. Podeu inventar normes noves o establir una puntuació i muntar una lliga amb la família i els amics. Jugueu amb la llengua com vulgueu!

45
ruscos diferents

40 ruscos de **7** lletres

i **5** de **6** lletres

276
tutis

El rusc
D'aquí teniu les lletres per formar les paraules.

La lletra del mig ha de sortir obligatòriament a totes les paraules!

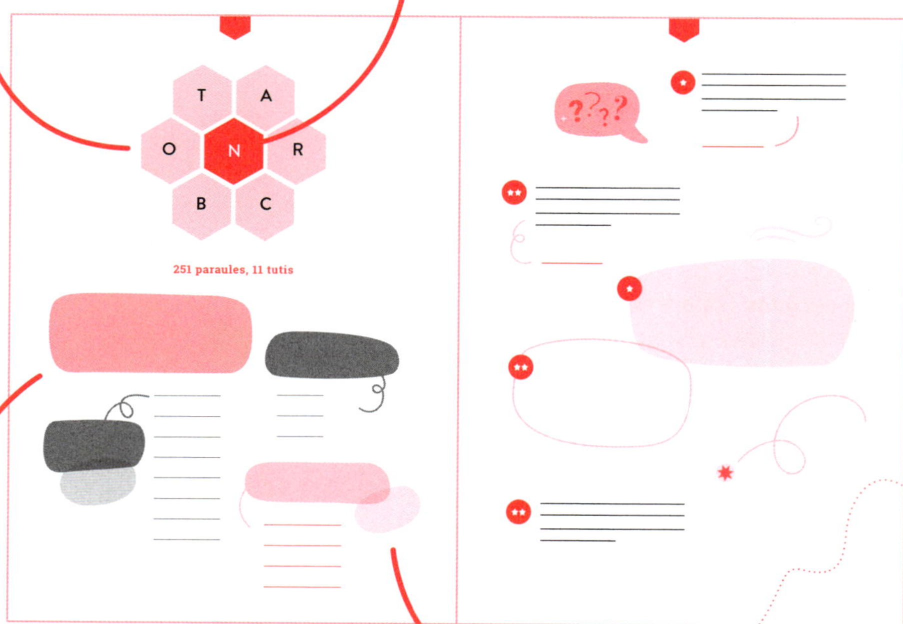

Les llistes
A la primera pàgina de cada rusc hi ha una endevinalla per descobrir un dels tutis, i altres jocs per trobar paraules que comparteixen algun element: el prefix, el sufix, un tema, les mateixes lletres...

Troba'n unes quantes!
A vegades en una llista hi ha paraules realment complicades. Us proposem de trobar-ne només algunes, però a les solucions hi són totes!

més de
200
pàgines
per jugar

quasi
900
reptes

Hi ha dos **codis QR** que us permetran d'accedir a tots els jocs en versió digital (pàg. 195), com també a les solucions (pàg. 205).

Jocs i més jocs
A les tres pàgines que segueixen la del rusc hi ha jocs que hi fan referència. Hi ha moltes endenvinalles i reptes de tota mena, frases fetes, jocs de paraules...

La paraula difícil
Hi ha mots que són poc freqüents a la majoria del país, però que creiem que val la pena conèixer i adoptar! En reivindiquem uns quants.

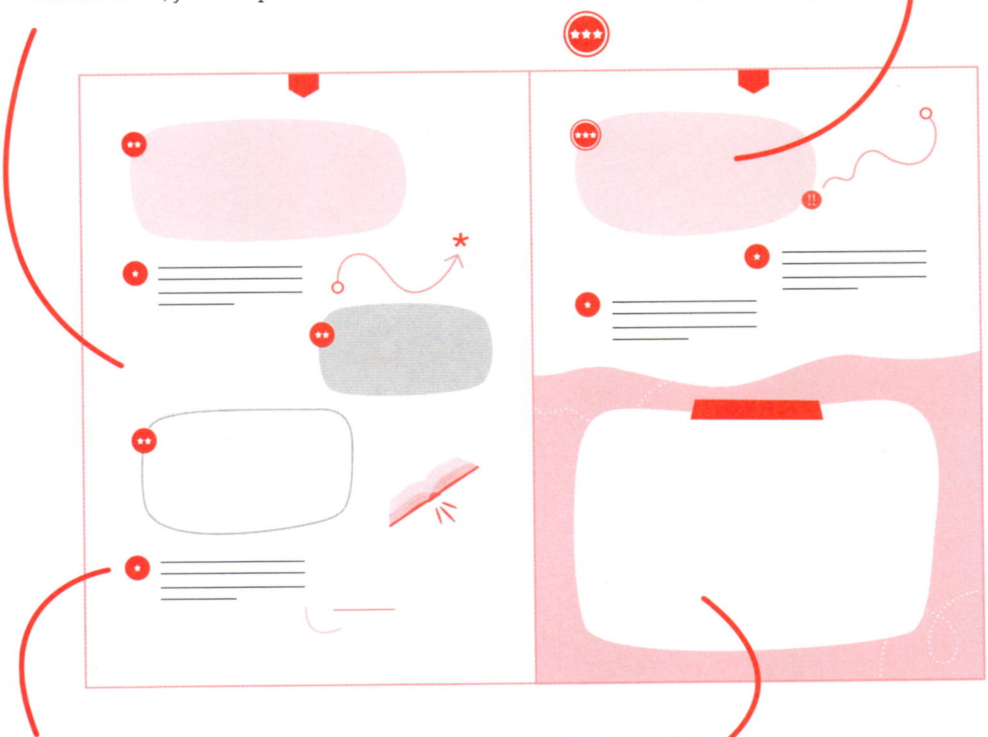

La dificultat
El nombre d'estrelles indica la dificultat de la prova, encara que això és orientatiu i depèn de cadascú.

El requadre
A tots els ruscos trobem una excusa o una altra per parlar d'algun tema vinculat a la llengua: des de la murga dels guionets fins als insults més genuïns.

Teniu el llapis i la goma a punt? Doncs ja podeu començar a omplir les pàgines amb lletres o dibuixos, al vostre gust! I recordeu que, quan acabeu els jocs de cada rusc, podeu continuar traient-ne suc i trobant-hi moltes paraules més (potser massa i tot, tampoc convé abusar) si us connecteu a la versió digital.*

Esperem que passeu molt bones estones!

Som-hi!

* Vegeu com fer-ho a la pàgina 195.

Decent
Decadent

T A
S D C
N E

152 paraules, 7 tutis

El tuti més llarg té tretze lletres, tres de les quals són N.

_ _ _ _ N _ _ _ _ N _ N _

Els sis tutis:

A _ _ _ _ _ _ _ T

D _ _ _ _ _ C

D _ _ _ _ _ _ _ T

D _ _ _ _ _ _ _ _ _ _ _ T

D _ _ _ _ _ _ _ T

D _ _ _ _ _ _ _ T

Paraules de la família de les **DENTS**.

DENTADA

D _ _ _ _ _ _

D _ _ _ _ _ _ _ _ _ _

DESPENTAT

Trobeu-ne vuit de les disset correctes!

Paraules que comencen pel prefix **DES** (o sigui, que nega el que ve al darrere o va en sentit contrari de la paraula base):

DESCANSAT
DESNATAT
DES__________
DES__________
DES__________
DES__________
DES__________
DES__________

Una paraula amb tres D que en té dues de seguides:

_ _ _ _ _ _ _

Només per a *boomers*
Quan anàvem de càmping dormíem en una _ A _ _ _ _ _ _ _,
i ara simplement en una TENDA.

Els anglesos trobarien trist veure aquesta paraula al nostre diccionari.

SAD
_ _ _

El Papa (en principi) practica la _ _ _ _ _ D _ _
i fa olor de S _ _ _ _ _ _ _ _.

Se'n fa servir a les processons i potser encara per les feines del camp, però segurament ens sona més perquè es diu igual que la serralada on un grup de jugadors de rugbi va practicar canibalisme per necessitat:

_ _ _ _ _

La Bella Dorment devia quedar ben DESCANSADA després de dormir cent anys, però això de trobar-se un desconegut fent-li un petó la degué fer sentir força _ _ _ _ _ _ _ _.

La frase feta
Abans de prendre una decisió important val més que l'hi passis!

S _ _ _ _

Fa dos anys es van dir paraules d'amor senzilles i tendres. Però no són del Poble-sec sinó de Xàtiva i ara ja en tenen _ _ _ _ T .

Del ferro al ganxet i una que fa que tot esclati: paraules de la família de **CADENA**.

C _ _ _ _ _ _

C _ _ _ _ _ _ _

_ _ _ _ _ C _ _ _ _ _ _ _

Com seria el teu lloc ideal? Càlid, nevat, amb prats o una bona platja?
Aquest de què parlem és un jardí amb arbres bonics amb fruits molt bons, alguns amb poders extraordinaris.

_ _ _ _

Quan te la demanin a la carnisseria has de respondre «servidora!».

TANDA

Les xifres estan plenes de simbolisme, però com que aquí ens dediquem a les lletres i no pas als números, no hi entrarem gaire. Només recordarem que els números són per a tot arreu, i que per raons que ja són difícils d'aclarir si vas a una botiga i demanes una DESENA d'ous et miraran com si baixessis d'un altre planeta.

Una lletra ho canvia tot!

Està tan C _ _ _ _ _ _ d'estar C _ _ _ _ _ amb aquell heterobàsic que un dia d'aquests l'engegarà a pastar fang.

La paraula difícil

Si et trobes així, pots millorar posant-t'hi sèrum. Però val més que també t'omplis de paciència i de mocadors.

!!

E _ _ _ _ _ _ _ A

Tipus de cotxe de nom relaxant.

_ E _ _ _

Si a la peixateria no demanes que et donin l'orada _ _ C _ _ _ D _ , quan la rentis a la pica abans de cuinar et quedarà plena de petites làmines dures i translúcides. O te les acabaràs menjant.

Si ets un noi, jugues a bàsquet i t'està canviant la veu segurament ets un C _ _ _ _ .

ESCRIPTORS AL DICCIONARI

Hi ha escriptors que amb el temps han acabat dins el diccionari. En aquest rusc hi trobem l'adjectiu que ens ve al cap quan veiem un escenari espectacular i dramàtic: _ _ _ _ _ _ _ _ . Una situació opressiva o amb un punt surrealista és _ _ _ _ _ _ _ _ _ . Si parlem d'un projecte forassenyat en diem _ _ _ _ _ _ _ _ _ _ , i per descriure una relació lèsbica també en podem dir _ _ _ _ _ _ . Des d'aquí reivindiquem que rodoredià o caldersià entrin d'una vegada al DIEC!

156 paraules, 2 tutis

Els dos tutis són femenins.

E _ _ _ _ _ _ _ _ A

E _ _ _ _ _ _ _ A

Una vocal
ho canvia tot.

A _ _

A _ _

A _ _

Trobeu-ne quatre de les sis correctes!

Paraules dolces
com la **MEL**.

Danys i tristors que
comencen per **M.**

M _ _

M _ _ _

M _ _ _ _ _

M _ _ _ _ _

El diccionari diu que és un tipus de col, però la majoria coneixem aquesta paraula per ser el nom de dues dones que apareixen en dues de les novel·les més importans de la literatura catalana: una del segle XIII i una del segle XX.

A _ _ _ A

A l'Orient mitjà en posen a l'hummus; als Estats Units és típic dels entrepans d'hamburguesa, i a l'antiga Pèrsia només d'anomenar-lo un llenyataire humil es va fer d'or.

_ _ _ _ _

Anar a fer el toc, a fer un got, a fer un beure, a fer una copa... Digues-li com vulguis, l'important és que hi hagi _ _ _ .

L'única paraula amb tres D vesteix a la seva manera i no segons el gust del moment.

D _ _ _ _ D _ D _

Moment en què dos equips s'apinyen de manera endreçada per lluitar per un meló fet amb cuir o material sintètic.

_ _ _ É

Aquesta tela per a la finestra o el balcó ens indica que és festa major o que els veïns volen reivindicar alguna cosa.

_ O _ _ S

★ Aquesta catifa natural és un refugi de petites bestioles, però a casa nostra insistim en fer-hi pasturar xais (en miniatura) quan s'acosta Nadal.

_ _ _ _ _

★★ Podria ser una al·legoria de la vida: vinga fer giragonses. Però és que en aquesta disciplina ni ho intenten, d'anar en línia recta, perquè si no se'ls desqualificaria.

_ _ _ _ L _ _

★★★ En lloc de revoltar-te davant les injustícies, si ets una persona _ _ _ _ _ _ _ _ sempre pararàs l'altra galta.

★★ L'única paraula esdrúixola d'aquest rusc. Aquí la fem servir per fer-ne sopa.

_ È _ _ _ _

★ Tot i que comparteix el plural amb la policia catalana, no és delicte voler matar el cuc per fer un _ _ _.

★★ Pot ser un marc ovalat per posar-hi un retrat o una relíquia, o bé de carn de porc o de vedella.

_ E _ _ _ _ _

La paraula difícil

Aquesta paraula composta descriu una tristesa molt profunda, com la que tens quan no t'acabes de refer de la mort d'algú que estimaves.

M _ L _ _ L

L'amplada d'aquesta lletra majúscula va ser inicialment la referència de la unitat de mesura tipogràfica.

_ _ _

La bèstia que fa una de les llanes més valorades del món viu a la serralada dels Andes amb les seves amigues alpaques i vicunyes. Tenen l'hàbit característic d'escopir. El capità Haddock ho va patir en una de les seves aventures amb en Tintín.

_ _ _ _ _

VA DE VI

Si us demanen què n'opineu del vi de la Garrotxa segurament no sabreu què respondre, perquè no és una comarca que relacionaríem amb l'enologia. Però el nom d'algun dels seus pobles, com el del Mallol, ens recorda que la vinya havia estat important a la zona. Mallol vol dir «vinya novella, cep plantat fa poc», i segons l'ajuntament aquest nom ja està documentat al segle XIII. Per cert, fa pocs anys s'ha recuperat aquest conreu i ja es torna a vendre vi garrotxí.

T B
R **N** E
O I

125 paraules, 3 tutis

Aquest tuti no s'ha d'obrir de bat a bat.

E _ _ _ _ _ _ _ _ R

Va de trentes.

T_ _ _ _ _

T_ _ _ _ _ _ _ _ _

T_ _ _ _ _

Acaben amb **OR.**

Trobeu-ne tres de cinc correctes.

__________ OR

__________ OR

__________ OR

De la família del **tint**.

Trobeu-ne dues de quatre correctes.

____

____

★★ Es va fer famós gràcies a l'informe de la guàrdia civil presentat al Tribunal Suprem sobre el referèndum de l'1 d'octubre, que explicava que se'l mencionava en una conversa. Encara no saben qui és.

O _ _ _

★★ Sense dièresi és una persona poc espavilada, i amb dièresi una de molt bondadosa.

_ _ _ _ I _

_ _ _ _ Ï _

★★ Al contrari del que podria semblar per alguna de les seves cançons, Freddie Mercury no ho era per naturalesa (Robert Plant de Led Zeppelin, en canvi, ho era de cap a peus).

T _ _ _ _

★★ Gas noble que els anys 80 i 90 aportava modernor als carrers de les ciutats i que ara està ben passat de moda.

_ _ _

★★★ Aquesta paraula, si parles català oriental, sona ben bé com aquell poble nòmada de gent de l'Àrtic. Però com que hi ha una lletra diferent i hi hem posat una dièresi, en realitat descriu una cosa que no s'ha sentit mai.

_ N _ _ _

★★ Tal com diuen els anuncis de fascicles per a canalla cada setembre i cada gener, esperem que amb aquest llibre us pugueu _ N _ _ _ _ _ _ _ _ i de passada, aprendre alguna cosa.

Ell treballa entre rentadores i planxes; Si hi afegim una «a» és cosina germana d'un dels animals marins amb fama de més sanguinaris.

T _ _ _ _ _ _ R

T _ _ _ _ _ _ _ _ A

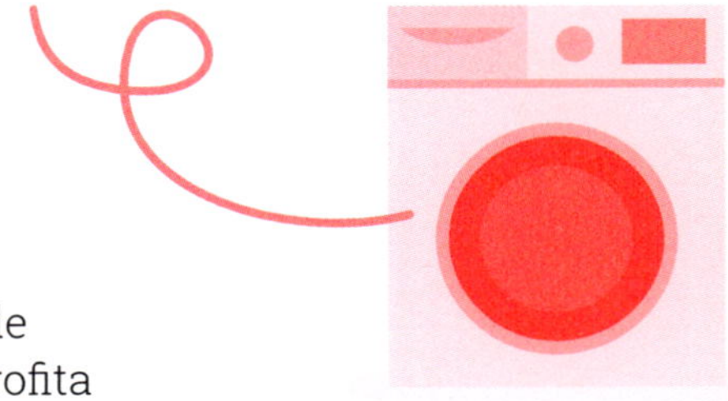

És l'única espècie de la seva família de banyuts que s'ha domesticat. Se n'aprofita la carn, la llet i també són bons com a mitjà de transport (fins i tot alguns creuen que saben volar i ho fan un cop l'any a velocitats supersòniques).

_ _ _

Tanca els ulls. És juliol i ets en un camp mediterrani, envoltat de romaní, farigola, quatre roselles i més enllà, un bosquet de pins i alzines. Notes l'escalfor, les aromes denses? I aquell so constant? És la B _ _ _ O _ d'abelles i abellots fent la seva feina.

Si el sol pica molt fort, aconsegueix que les pedres es comencin a _ _ TEB _ _ R . Si encara pica molt més fort, les fa _ _ R_EN _ _ R .

Segons un estudi fet el 2021 per dos professors universitaris, dos dels insults més utilitzats al País Valencià són 'moniato' i B _ _ _ _ _ _ .

La paraula difícil

Composició musical per a nou instruments bruts.

N_N_ _

Si us costa de resoldre algun d'aquests jocs pot ser perquè no haguem estat gaire inspirats a l'hora de pensar-lo. Però per si de cas, us proposem de fer un altre _ _ _ _ _ _ més endavant, que aneu a saber...

Aquesta paraula està creada a partir d'unes sigles que corresponen a paraules en llatí i per a més _ _ R _ hi ha molta gent que les fa servir sense tenir ni idea de què volen dir.

En aquest rusc hi trobem un tipus de pinsà que viu a les fagedes i que té un «cognom» que li ve per la seva afició a menjar borrons tendres.

B_ _ _ _ _ _ R

COSES DE FAMÍLIA

Les figures de la família tradicional estan clares: pares, mares, oncles, avis, germans, cosins... Fins i tot tenen nom reconegut els fills dels nebots, els renebots, i els fills dels cosins, que al Principat se'ls anomena «nebots valencians» (cosa que els valencians troben hilarant per raons òbvies). Però no tenim tan ben coberta la denominació de figures que actualment ja són molt habituals, com les noves parelles del pare o de la mare ni els seus fills previs (padrastres i germanastres no hi encaixen). El Termcat ja admet «famílies enllaçades» com a neologisme, però encara no s'han acceptat altres propostes com «mamu», «fillafí» o «copare». Estimat DIEC, tenim un repte!

107 paraules, 4 tutis

Tuti net, però que a vegades embruta coses.

_ U _ _ _ _

Trobeu-ne tres dels cinc correctes.

Paraules amb dues **X**.

Compostos reduplicatius (és a dir, dos mots que es repeteixen).

Trobeu-ne tres de les cinc correctes.

Trobeu-ne tres de les quatre correctes.

Paraules **esdrúixoles**.

En grec vol dir «gegant», però actualment ens en cruspim tantes cada mes que ja ens sembla que són poca cosa.

_ _ _ A

Aquesta imatge, per a molts, ve relacionada amb una tarda mandrosa de Setmana Santa. Recordeu aquells romans fent unes competicions plenes de joc brut, que semblaven la versió de les persecucions de James Bond però amb la tecnologia de fa dos mil anys? Doncs parlem del nom de l'andròmina que conduïen: _ _ _ _ G _ .

Quan no fas ni cas del que et demanen, al País Valencià pots sentir a dir: «A _ _ _ _ X _ que plou!».

Coneixements bàsics de la vida ramadera: després d'un embaràs de cinc mesos, a les ovelles els arriba el moment de X _ _ _ _ .

Un gir humorístic amb només tres lletres.

_ _ _

Una lletra ho canvia tot!

_ AI

_ AI

_ AI

Per fer caminar les bèsties, sobretot els cavalls, no cal prémer cap botó: n'hi ha prou amb una paraula que coneixen perfectament els nens de falda.

_ R _ _

Hi ha un acrònim molt popular que creix davant dels nostres ulls i que fins i tot inclou un signe: LGTBI+, un fenomen que no ens consta que hagi passat mai abans. Un dels col·lectius inclosos dins d'aquest grup s'identifica amb una paraula que històricament volia dir «alegre».

_ _ _

Aquest adverbi sempre ha d'anar acompanyat d'un altre que té les mateixes lletres menys l'última. Una mena de ying i yang molt d'estar per casa, per dir que tant és _ _ _ Í com _ _ _ À .

Hi ha almenys dos ocells dins d'aquest rusc. N'hi ha dos que comencen per la lletra G.

G _ _ _

G _ _ _

Hi ha moltes expressions amb aquest verb, que tant es pot escriure amb A com amb E: _ _ _ _ _ _ com una mallerenga, per setze, pels descosits o més que un sac de nous.

Diuen que és un dels animals domèstics més intel·ligents, cosa que resulta força desagradable de pensar mirant la carta d'entrepans de qualsevol bar d'aquest país. Sigui com sigui, quan encara és petit a la majoria de llocs li diuen _ _ _ _ _ .

La paraula difícil

Quan algú és garrepa com una mala cosa se li pot dir que és A _ _ _ _ X, que també és com s'anomenaven els antics patrons de barca sarraïns.

Aquest sistema de transport era ecològic, ràpid i barat, però això sí: qui se n'ocupava arribava a la destinació amb els peus ben xops i havia de buscar un altre mitjà per tornar a casa. Ara els que hi pugen ho fan un cop l'any i només per diversió.

_ _ _

Durant la conquesta de València per part de Jaume I algunes comarques van ser repoblades per aragonesos. A aquestes comarques, on es parla castellà amb influència aragonesa i catalana, si hi vius, col·loquialment se t'anomena _ U _ _ A (i als homes igual però en masculí).

COM SONA EL REMORDIMENT?

Les onomatopeies i els mots de creació expressiva poden ser molt sorprenents. Si ens enganxem el dit amb una porta farem un crit de dolor que ens sortirà de les entranyes, siguem d'on siguem. Malgrat això, cada llengua el transcriu a la seva manera. I així trobem que en català segurament escriuríem *ai*, en anglès *ouch* i en japonès *u*. En aquest rusc trobem paraules com **xiuxiua**r i **gàrgara**, que clarament s'inspiren en el so de les accions que descriuen, i també la menys coneguda **aüixar** (fer fugir els animals amb crits). Però n'hi ha dues d'encara més subjectives: **xau-xau** i **rau-rau**. D'on devia sorgir la idea que la primera representa el fet que una cosa vagi lenta o no gaire bé, i la segona el remordiment?

137 paraules, 5 tutis

El tuti més plaent per als Stones.

_ A _ _ _ _ _ _ _ _ _ _

Paraules amb el sufix **-ós**.

A _ _ ÓS

F _ _ _ _ ÓS

O_ _ _ _ ÓS

Trobeu-ne tres de les set correctes.

Paraules de tres lletres començades amb **F**.

F _ _

F _ _

F _ _

Paraules que acaben amb **-ció**.

C _ _ _ _ _ _ _ _ CIÓ

O _ _ _ _ _ _ _ _ CIÓ

S _ _ _ _ _ _ _ _ CIÓ

S _ _ _ _ _ _ _ _ _ CIÓ

Sembla un insult, però en realitat descriu la falta de llum. El fons marí, per exemple, és A _ _ _ L _ .

Aquest trastorn no el desitgem a ningú, i encara menys als que us encanten els jocs lingüístics com el Paraulògic.

A _ À _ _ _

De la gent que controlava de manera estricta el compliment de les normes anticovid durant el confinament en dèiem «policia de balcó». I la que pontifica sobre qualsevol tema però no fa res per canviar les coses avui es coneix com a opinadors de _ _ _ _ .

Beguda engabiada en perill d'extinció.

_ _ _ _

El 1936 molta gent F _ _ S _ _ , amb la bandera roja i negra, van lluitar contra els del bàndol F _ C _ _ _ _ . Alguns van acabar en una F _ _ _ _ i tristament no va ser F _ _ _ _ _ .

N'han portat o en porten, entre altres, les infermeres, les cambreres i les dones destinades a procrear al món distòpic d'*El conte de la serventa*, de Margaret Atwood.

_ _ _ I _

Els homes que van a Turquia a fer-se un tractament capil·lar hi somnien. I amb les mateixes síl·labes, però intercanviades, el munt d'equipatge que s'hi emporten.

_ _ _ _ / _ _ T _

Si et conviden a una **fastòcia** millor que hi vagis amb una maleta i amb bona gana, perquè sembla que la gresca anirà per llarg i no escatimaran menjar ni beure. O potser no, perquè aquesta paraula és _ _ C _ _ _ _ _.

No ens enganyem: la informació que arriba d'una font _ _ _ C _ _ S _ acostuma a ser molt més sucosa que la que donen les oficials.

Els excursionistes d'alta muntanya saben quin és el camí quan veuen una _ _ _ _ i després una altra, i així anar fent fins a fer cim.

Un ocell i un mamífer marí.

F_ _ _ _

F_ _ _

La paraula difícil

Graella en forma de teula invertida, amb un mànec per a lligar-la a la popa d'una embarcació, on antigament es feia foc per atreure el peix amb la claror en el sistema de pesca a l'encesa.

!!

F _ _ _ Ó

Busqueu-ne un parell sobrats d'orgull i amb un alt concepte de les seves pròpies qualitats.

_ O _ _ _

_ O _ _ _ _

Segons el diccionari és «rom elaborat amb melassa de baix grau o suc de canya de sucre, no envellit i barat». Però el nom ens recorda (en part) una beguda tradicional feta a base de nous verdes i un fotimer d'herbes aromàtiques.

T _ _ _ A

Paraula tova i de poca consistència.

_ _ _ _

ELS TEMPS CANVIEN

Quan a l'anunci d'un cotxe hi surten dones com si fossin una prestació més o un regal que et fan si el compres –al costat d'uns eixugaparabrises fantàstics o unes rodes de primera– el que estan fent és una _ _ S _ _ _ _ _ C _ _ de la dona. El Termcat ho recull, però el DIEC no atribueix a la paraula aquest altre tipus de significat... encara.

181 paraules, 3 tutis

El tuti més llarg d'avui té gat amagat.

E _ _ _ _ _ _ _ _ _ _ _ R

Altres paraules amb **gats** amagats.

Trobeu-ne sis de les deu correctes.

____

____

____

____

____

____

Malgrat els gats també hi ha **rats**.

____

____

____

____

____

____

Les paraules amb el sufix **METRE.**

A _ _ _ _ _ _ _ _ _

E _ _ _ _ _ _

R _ _ _ _ _ _ _

T _ _ _ _ _ _ _ _

Paraules relacionades amb la **pagesia**.

E _ _

M _ _ _ _

R _ _

R _ _ _ _

T _ _ _ _

Hi ha persones amb un caràcter tan poc agradable com el gust de l'escudella si la deixes massa estona fora de la nevera o el vi dolent.

_ _ _ _

Diuen els experts que els moments més perillosos no són els sotracs a mig camí, sinó els primers minuts de la sortida i també quan es fa l' _ _ _ _ _ _ _ _ _ _.

Confessem-ho: quan sentim aquesta paraula no pensem en curses nàutiques ni gent que busca el millor preu al mercat, com indica el diccionari, sinó en escots.

_ _ _ _ _ E _ _

Durant molts anys les accions d'aquest grup armat van protagonitzar les notícies. Ara ja no hi surten, però a Catalunya ens han deixat una paraula al diccionari: _ _ _ _ _ A.

Els noms de dues lletres de l'abecedari.

_ _ _ A
_ _ _ A

Un amic de l'Antònia Font, el comandant Armando Rampas, demà en respirarà de gasificat.

È _ _ _

Pregunta elemental sobre biologia:
la cèl·lula que s'embolica amb una altra
per crear el zigot.

G _ _ _ T _

El que tenen entre mans Ricardo
Darín, Leo Messi i el teu veí uruguaià.

_ _ T _

Que els nadons necessitin tot el dia la _ _ _ _ és normal.
El que no és tan normal és estar _ _ M _ _ _ _ als trenta-sis anys.

Ho fas si et fereixen a la guerra o si te'n vas
al llit amb algú i la cosa es posa interessant.

_ _ _ _ G _ _

A Corea del Nord hi mana una nissaga de dictadors extravagants des de fa setanta anys. La propaganda els ha atribuït tota mena d'habilitats i mèrits totalment increïbles, com la capacitat de controlar la natura, la descoberta de múltiples medicaments, nombrosos rècords en l'àmbit esportiu... Això podria fer riure si no fos perquè el país pateix gana i repressió, i que és una amenaça per al món perquè no paren de R _ _ R _ _ _ - SE.

La cadena de mobles sueca hi té una secció dedicada. És la paraula més llarga de tot el rusc però no és un tuti perquè li falta la R.

E _ _ _ _ _ _ _ _ _ _ _ _ _ E

La paraula difícil

Apilar llenya o sacs com si fossin els rocs que s'acumulen al Pedraforca.

A _ A _ _ _ _ _ R

!!

Unes bones croquetes et fan venir salivera, i si et piquen els mosquits t'agafa G _ _ _ _ _ _ .

Els rebesavis només se'n feien fer en moments extraordinaris de la vida. Ara hem perdut el compte dels que portem a la butxaca. [singular]

_ _ _ _ _ T

PARAULES QUE HO DIUEN TOT

Hi ha paraules compostes molt expressives. En aquest rusc hi trobem la poètica TERRATRÉMER (el fet de tremolar la terra a causa d'un terratrèmol), però en català en tenim moltes d'altres, com CARAGIRAT, ESQUENADRET, ULLPRENDRE o MIGPARTIR. Algunes no tenen gaire bona salut. Les recuperem?

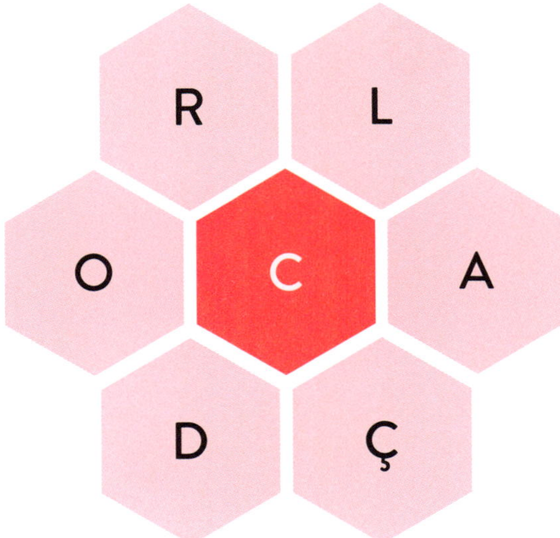

206 paraules, 2 tutis

Els dos tutis comencen amb la **C** i tenen bona relació amb les sabates.

C_ _ _ _ _ _ _

C_ _ _ _ _ _ _ _

Paraules de la família de les cordes.

C_ _ _ _ _ _

C_ _ _ _ _

C_ _ _ _ _

C_ _ _ _

Trobeu paraules que tenen significat tant si les llegim del dret com si les llegim del revés.

Trobeu sis parelles de les nou correctes.

Trobeu-ne tres de les quatre correctes.

Paraules de la família del **roc**.

R____________

R____________

R____________

Paraules de la família dels que carden la llana.

C_ _ _

C_ _ _ _

C_ _ _ _ _ _

C_ _ _ _ _ _ _

C_ _ _ _ _ _ _ _

C_ _ _ _ _

C_ _ _ _

Diuen que els monjos de Montserrat, com a grans coneixedors de les agulles del massís, van ser dels primers que les van batejar. Una de les més famoses i esveltes amaga un altre nom, poc cast: el C _ _ _ L Bernat. D'agulles i pedres amb aquest nom en trobem en altres indrets, segurament amb el mateix origen.

Era l'estil artístic oficial del regnat de Lluís XIV de França, que no era pas un rei que destaqués per tenir gustos austers...

_ _ _ _ C _

Tradicionalment aquesta paraula definia algú que era un ruc, però ara la fem servir per dir tot el contrari. El diccionari dona per bo tant un sentit com l'altre.

_ _ _ C

Aquest dolç de nom capicua surt arreu del país a l'hora de les festes. En alguns llocs en fan en un tres i no res.

_ _ _

Una de les maneres de mostrar alegria per un casament és desmuntar una C _ _ _ _ · _ A darrere l'altra, portar el que se'n treu a l'ajuntament, el jutjat o l'església i llançar-ho sobre els nuvis quan en surten.

Ens atreviríem a dir que el 90 % de persones escolaritzades a Catalunya les últimes dues dècades saben el soroll que li fan les sabates a la Castanyera.

C _ _ _-_ _ _ C

Mamífer de nas gros i activitat nocturna que arriba a dormir fins a vint hores. No és un adolescent europeu, aquest el trobem als antípodes.

_ _ _ _ _

Una de fàcil i rebel

El *Diccionari català-valencià-balear* desaconsella utilitzar aquesta paraula i fins i tot afirma que és «inacceptable» en la nostra llengua. Però en moltes cases es desobeeix, sobretot per Nadal. O sigui que, amb tot el respecte: tres tasses.

_ _ _ _ _

En alguns llocs del món ho utilitzen per executar persones de la manera més cruel, però ens agrada molt més l'altre sentit que té: una composició de versos rimats que era popular arreu del país i avui encara ho és a Menorca i a Mallorca.

C _ _ _ _ _ D _

Des que hem vist en imatges de microscopi l'aspecte d'aquesta bestiola que viu a totes les cases, a més de picors i esternuts també ens fa bastanta angúnia.

_ _ A _

La llengua al mapa

En aquest rusc hi neda el seitó, o asseitó, a la manera de les Illes Balears i del País Valencià.

A _ _ _ _ _ C

Segons sembla, aquesta paraula que ara només trobem dins d'una frase feta durant molts anys era la manera popular d'anomenar el _ _ _ _ , l'insecte que rosega la fusta o els cereals. Però vaja, ho deixem aquí perquè no us volem fer anar de _ _ _ _ _ L _ .

La paraula difícil

Aquella vermellor que ens puja a la cara quan hem de parlar en públic, ens equivoquem en una situació delicada o veiem aquella persona que ens agrada tant.

C _ _ _ _ D _

Tres en una

El _ _ _ llançat sobre l'aigua del _ _ _ _ llisca acompassadament com el batec del _ _ _ .

Així sense pensar-hi gaire podem relacionar la _ O _ _ _ _ amb la pinya i el _ _ _ _ , però si hi pensem dos cops segur que recordarem que és aquella capa de metalls fosos que surten durant les erupcions volcàniques.

PEL·LIS DOLENTES I ALTRES CONSTRUCCIONS

En aquest rusc s'hi pot trobar la paraula **alcaldada**, que vol dir «abús de poder per part d'un alcalde o alcaldessa». És una mostra de la flexibilitat de la llengua, que amb sufixos com **-ada** ens permet crear noves paraules per descriure tota mena de conceptes. N'hi ha que només circulen en el terreny popular i no són al diccionari, com una «americanada», que tothom entén com una pel·lícula plena de tòpics molt repetits a Hollywood, o una «marcianada», com una idea o acció molt extravagant.

L I

B **R** M

E P

95 paraules, 5 tutis

Aquest tuti no caduca, és I _ _ _ _ _ _ _ _ E.

Dos arbres fruiters.

_ _ _ _ _

_ _ _ _ E _

Monosíl·labs.

Trobeu-ne sis dels quinze correctes.

______

______

______

______

______

______

Trobeu-ne tres de les sis correctes.

Paraules amb tres **I**.

______

______

______

Seria fantàstic que tota la roba tingués la propietat de _ _ _ _ L·L _ _ l'aigua per aquells dies que plou i et deixes el paraigua a casa.

Quan veus aquell plat a la nevera, no te'n pots estar: el desig és _ R _ _ _ _ _ _ _ _ _ _ _ .

Una altra manera de dir paparota, com un clàxon insistent.

P _ _ _ _ _ P _ P

Ho llegim igual però no és el mateix!

El _ _ _ de palla no és de formatge.
El formatge _ _ _ _ no és de palla.

Calonge ha estat coneguda pels menhirs, els dòlmens, el castell i fins al segle XX, pels taps de suro. I ara ho volen ser per un producte cultural: el _ _ _ _ R _ . Hi ha botigues per a totes les edats i gustos: de música, viatges, infantils...

Si el portes a la mà tot el sant dia, és que ets un ingenu.

_ _ _ _ _

Sembla que, preparada amb vi, entre altres ingredients, era una de les coses que més li agradava menjar a Josep Pla. Però ves a saber, perquè a Pla, com a Churchill, se li atribueixen les coses més variades.

_ _ _ B _ _

La llengua amaziga, mal anomenada _ _ _ _ _ _ fa eco al continent africà.

Hi ha països que tenen aquesta vocació, i això els fa uns veïns incòmodes i perillosos. Bé, no només per als veïns propers, perquè el seu _ M _ _ _ _ el voldrien fer arribar com més lluny millor.

Al segle passat hi havia l'ofici de trementinaire, que practicaven majoritàriament dones. Si hi havia algun home que també coneixia les plantes i les seves virtuts medicinals se'l coneixia més aviat com a R _ _ _ _ _ _ .

Un altre barbamec que no va mai al barber.

_ _ _ _ _ B _

Una lletra ho canvia tot!

Si portés una A seria el començament de la vida, però amb E n'és el final.

_ E _ _ R

Dues de difícils

Quan vols que faci alguna cosa, m'hi animes, m'hi empenys i gairebé m'hi obligues! [infinitiu].

I _ _ _ _ · _ _ _

!!

Està punt a punt de passar. I es repeteix-repeteix.

L _ _ _ - L _ _ _

NO TOT ÉS EL QUE SEMBLA

Tots coneixem persones que van pel món comunicant-se amb una llengua feta de retalls de català, castellà, francès, anglès i asseguren que no han tingut mai cap problema per entendre's amb tothom. Són els que a França demanen coses com un «bistec de *vedeillon* avec patates» i es queden tan amples. No tenim res en contra de la creativitat i l'atreviment, però té els seus riscos: si no vas en compte, els «falsos amics» et poden posar en un compromís. Perquè no tot és tan evident, i a vegades la proximitat d'una paraula ens enganya. Per exemple: en anglès *misery* vol dir 'tristesa'; *actually* vol dir 'de fet, en realitat', i *embarrassing* no té res a veure amb la procreació sinó amb avergonyir. En francès, un *carnet* vol dir una llibreta, un *marron* és una castanya, i els rètols que al carrer porten escrit la paraula *défense* acostumen a voler dir que una cosa està prohibida. Però atenció, que dins del català també hi ha mots que ens poden confondre! Unes *calces* poden voler dir roba interior femenina o bé unes mitges, segons on ens trobem; *trempar* a les Illes no té connotacions sexuals sinó culinàries, i *escurar* pot voler dir acabar-se el menjar fins a l'últim trosset o bé rentar plats, segons on et trobis.

R D

A **S** E

Y N

131 paraules, 2 tutis

Un tuti difícil

Fer oblidar amb un nou ensenyament allò que s'havia après.

!!

D _ _ _ _ _ _ _ Y _ _

Parelles que tenen sentit tant si van endavant com endarrere.

A _ _ _ / S _ _ _

A _ _ _ _ / S _ _ _ _

Trobeu-ne sis dels nou correctes.

Verbs amb **DES** al davant.

DES________

DES________

DES________

DES________

DES________

DES________

Paraules amb el **SENY** interioritzat.

Trobeu-ne tres de les nou correctes.

____

____

____

★ Se'n posen els escaladors i les bèsties (i també algunes persones en la intimitat). [Singular]

_ _ _ _ _

★★★ D'aquesta planta surt l'ingredient més polèmic de les pizzes, amb grans defensors i potser més detractors.

A _ A _ _ _

★★ Aquesta pasta dolça porta el nom de pila d'una actriu francesa del segle XIX famosa pel seu talent i la seva vida desacomplexada, lliure i també excèntrica: entre altres curiositats, acostumava a dormir en un taüt.

_ _ _ _

★★ Un verb capicua per fer que no sobresurti res d'una cullera.

R _ _ _ _

★★ Tant ell com ella són de la vall de valls.

_ _ _ _ _ S

_ _ _ _ _ _ A

★★ Una tortura diària per a criatures amb els cabells llargs. Sort que hi ha productes que ajuden a _ E _ _ _ _ _ _ _ _ -LOS .

★ Si tens visites formals sempre queda bé treure un paquet de galetes de Camprodon o bé, si t'agraden amb molta mantega, poden ser _ _ _ _ _ E _ (i després podràs reutilitzar la típica capsa de llauna).

El diccionari diu que és petita, però en algunes manifestacions se n'han vist de ben grosses. També és el nom d'un poble valencià al marge dret del riu Albaida, a la comarca de la Ribera Alta.

S_ _ _ _ _ _

Si tens els nervis de punta i et vols _ _ S _ _ _ _ _·_ _ et pot anar bé escoltar música tranquil·la, anar a fer un volt, prendre un bany o simplement deixar que el temps faci el seu efecte. Cadascú té els seus mètodes.

Ruc i molt curt.

_ _ _

Deia Joan Maragall que «la _ _ _ _ _ _ _ _ és la _ _ _ _ _ _ més bella de totes les que es fan i es desfan».

N'hi ha una gran varietat de mides i tipus, segons l'ús que se n'hagi de fer: de dues mans, de cinta, de cadena, circular, d'arc...

_ _ _ _ _

Les plagues de llagostes fan pensar en un càstig diví d'èpoques remotes. Però el fet és que és un problema actual gravíssim, sobretot a la banya de l'Àfrica. Per allà on passen, la terra queda _ _ R _ _ _ _ _.

Divinitat amb una parella de vocals iguals seguida d'una parella de consonants iguals.

_ _ _ _ _ _

No sempre ens atrevim a plantar cara i dir el que pensem a algú que ha fet alguna cosa que ens sembla molt malament. A vegades ens limitem a fer una mirada intensa de _ _ S _ _ _ Y i desitgem que li faci alguna mena d'efecte.

La paraula difícil

El fred fa que ens entumim i ens costa més moure'ns. Aquesta paraula, la més llarga del rusc, defineix el que ens passa després, quan entrem a un lloc calent i notem com la sang torna a circular amb alegria i ens provoca aquell pessigolleig tan agradable.

D_ _ _ _ _ _ _ _ _ R _R

!!

QUINS NASSOS!

En aquest rusc hi trobem el verb **desnassar**. És fàcil d'entendre que vol dir deixar algú sense nas. Però en quin context la llengua catalana va tenir la necessitat de crear una paraula que descrigués aquest fet, i per què es va decidir que era prou rellevant per incloure-la al diccionari? Segurament prové d'èpoques antigues en què tallar parts del cos podia ser la condemna per algun delicte. Però ens agrada més pensar que és un homenatge a l'Obèlix, que durant la seva visita a Egipte va desnassar l'Esfinx i la va deixar tal com la veiem ara.

229 paraules, 11 tutis

Tres tutis amb doble **C** referents a una cosa que ningú s'esperava.

_ CC _ _ _ _ _

_ CC _ _ _ _ _ _ _ _

_ CC _ _ _ _ _ _ _

De la família dels que passen del noranta-nou.

C _ _ _

C _ _ _ _

C _ _ _ _ _ _

C _ _ _ _ _ _ _

Tres hidrocarburs amb una lletra de diferència (només apte per a científics).

_ _ À

_ _ È

_ _ Í

Cinc paraules amb el prefix de negació **in-**.

N'hi ha més, però amb cinc ja fem.

IN_ _ _ _ _ _ _ _

IN_ _ _ _ _ _

IN_ _ _ _

IN_ _ _ _ _

IN_ _ _ _ _

A les pel·lícules de por s'hi acostumen a matar adolescents, veïns imprudents o coneguts que es van portar malament amb l'assassí. No tenim coneixement de cap subgènere especialitzat en terror contra esportistes, però si hi hagués cap pel·lícula centrada en l'esport de Roger Federer i Serena Williams, aquest en seria un títol excel·lent. (Pista: en realitat el mot descriu el que es fa servir per matar les tènies).

T _ _ _ _ _ _ A

El poble de l'Alta Cerdanya que es pot esmolar.

_ _ N _

De petits la lluïm i de grans l'amaguem.

_ _ _ _

Diuen que a la societat d'ara no sabem esperar, però d'impacients n'hi ha hagut tota la vida. Per a aquesta gent i per als que sempre van a última hora hi ha establiments que ho fan tot a l' _ _ _ _ .

Pots dir que ha estat admirable, apoteòsic, encantador, enlluernador, espaterrant, espectacular, esplèndid, excel·lent, extraordinari, fabulós, fantàstic, fascinador, fascinant, fenomenal, formidable, genial, gloriós, idíl·lic, impressionant, increïble, indescriptible, inefable, màgic, magnífic, majestuós, meravellós, prodigiós, sensacional, sorprenent. O pots dir que ha anat de _ _ _ _ .

★ En japonès significa 'rodó', i dona nom a una cosa que tota la gent d'aquell país voldria tenir en grans quantitats.

_ _ _

★ En tenim especialment a les puntes dels dits, però també és recomanable fer-ne servir a l'hora de parlar quan hem de dir una cosa delicada.

_ _ C _ _

★★ En la mítica sèrie de la BBC *Els joves*, en Rick no para de dir que tot és un avorriment (al mateix episodi en què surten dimonis, una família d'óssos i uns extraterrestres). Si fos més fi potser en diria _ _ _ I .

JOVES

★★ En principi, això ho fem cada vespre. Però quan ens referim al dia que ho va fer una colla d'amics fa prop de dos mil anys, i que va resultar un àpat que va fer tronar i ploure, ho diem de manera diferent per tradició eclesiàstica.

_ _ _ A

★★★ Nom de la femella del collverd i de les altres famílies de bec aplanat.

À _ _ _ A

★ Si voleu estar al cas de les tafaneries cal tenir-la sempre activada.

A _ _ _ _ _

La paraula difícil

Si algú que no és la teva mare et dona el pit quan ets un nadó i és afectuosa amb tu, no és tan estrany que estiguis _ _ _ _ _ AT (o _ _ _ _ _ ADA).

!!

A principis del segle passat hauríem sentit que ho era el fet que les dones portessin pantalons, i en general qualsevol cosa que tingués a veure amb una dona fent ús de la seva llibertat. Ara ho sentim més aviat quan algú s'embutxaca diners públics per fer-se un xalet, per exemple.

I _ _ _ _ _ _ _ _ I_

La filla de la paciència.

_ _ _ _ _ I _

Quan et punxes amb un clau rovellat val més que et tornin a punxar, però aquest cop que sigui amb l' A_ _ _ _ _ _ _ _ _ _ _ A .

AIXÒ EXISTEIX?

Hi ha una paraula en aquest rusc que xoca a qualsevol persona de cultura cristiana: deïcidi. Hi ha algun teòleg a la sala que ens pugui aclarir si això és una possibilitat? Es pot matar Déu? Si no tenim cap expert a l'abast, podem recordar que el diccionari inclou termes de diferents contextos culturals i històrics. I, per tant, podem deduir fàcilment que aquí no es refereix necessàriament a la mort del déu cristià, sinó a la de déus d'altres religions. Només com a exemples, el déu de l'antiga Grècia Cronos va devorar un per un els seus fills –també déus– tan aviat com van néixer (després els va haver de fer ressuscitar obligat per Zeus, però aquesta ja és una altra història). I a l'Índia, el déu Xiva va tallar el cap del seu fill Ganeixa en un atac de gelosia (més tard se'n va penedir i ho va resoldre posant-li un cap d'elefant).

166 paraules, 5 tutis

El tuti més minúscul té 11 lletres i no es pot veure ni amb lupa.

_ _ C _ _ _ _ _ _ _ _

Troba'n almenys sis de les onze que hi ha.

Paraules que comencen per **COM.**

C ________

C ________

C ________

C ________

C ________

C ________

Tres paraules que només tenen una lletra diferent. Una d'afortunada, una de poètica i una de rinxolada.

R _ _

R _ _

R _ _

Problemes de salut

Algú que té problemes de vista. → M _ _ P

Una malaltia mental. → P _ _ _ _ _ I

Algú que té problemes de pell. → P _ _ _ IC

Vocabulari per a assassins d'ahir i d'avui:

O _ _ _ R

M _ _ _ R

C _ _ M

Els polítics en poden crear tantes com vulguin, però no en poden cobrar. [Singular]

C______Ó

Un món de somiadors de nas vermell establert a Sant Esteve de Palautordera.

C___ ___C

Quan volem dir *figa* però no gosem.

__I

Aquesta joguina està de moda des de fa més de dos mil anys. Hi hem jugat nosaltres, hi van jugar els nostres pares i hi han jugat els nostres fills. El que no sap gaire gent és que podria haver existit ja a l'època de l'antiga Grècia. El nom és repetitiu, com el seu moviment bàsic.

__-_O

Estat d'algú que no es troba bé. També és un gall dindi.

P___

★★ Fins fa pocs anys aquest verb ens feia pensar en encabir objectes en un espai petit, però ara de seguida pensem en documents pesadíssims que necessitem enviar.

C _ _ _ _ _ _ _ R

★★ Gràcies a Dagoll Dagom, vam posar cara i veu als protagonistes de l'obra d'Àngel Guimerà *Mar i cel*, i vam plorar amb la mare d'en Saïd quan el rei Felip III va ordenar la seva expulsió i la de tota la seva gent del lloc on havien viscut tota la vida. [singular]

_ _ _ _ _ C

★ « _ _ _ _ pelat, cara de gat, _ _ _ _ filós, cara de gos ».

★ Qui té el seu doble comença la partida, com saben bé a tots els cafès on hi hagi tapets verds (o no).

_ _ _

★ Penses en els teus amics i la família i tothom vota el mateix o gairebé. Repasses les xarxes socials i sembla que tothom pensa com tu. Per fi el món s'ha posat d'acord i t'ha donat la raó? Improbable. Segurament el que passa és que vius en un M _ _ _ _ C _ _ _ _ _.

La paraula difícil

Aquesta paraula té quatre C i, encara que fa pensar en l'os del final de la columna, es refereix a la forma d'un tipus de cèl·lula de forma més o menys esfèrica.

!!

C_CC_C

El 1964 Joan Fuster va publicar una de les seves obres més conegudes: un diccionari –que no era ben bé un diccionari sinó un recull d'aforismes i assaigs breus– dirigit teòricament a persones amb poca feina. [singular]

_ _ _ _ S

Hi ha qui diu que la religió, o més modernament el futbol, causen al poble el mateix efecte sedant i desmobilitzador que l' _ _ _ .

L'orina infantil i l'acció d'orinar.

_ _ _ Í

_ _ _ _ _ Ó

'ANIMES' PER LA LLENGUA

En Doraemon, el gat _ _ _ _ _ _, ha estat reconegut oficialment com una icona cultural del Japó. Però aquesta bestiola blava amb una butxaca màgica no és només important per al país on el van crear sinó també per al nostre, perquè la seva sèrie, juntament amb altres *animes* com Shin Chan, el Dr. Slump i sobretot Bola de Drac, han tingut un paper molt positiu per a la normalització lingüística gràcies a la seva emissió en català durant els anys noranta i dos mil a TV3 i a Canal Nou, i, més recentment, també a IB3 i a À Punt.

S		U
R	A	Q
J		E

112 paraules, 2 tutis

Dels dos tutis, només varia una lletra l'un de l'altre.

S_ _ _ _ _ _R

S_ _ _ _ _ _R

SU

Troba'n almenys sis de les deu que hi ha.

Paraules que comencen per **SU**.

SU________________

SU________________

SU________________

SU________________

SU________________

SU________________

De la família dels estranys.

R_ _ _

R_ _ _ _ _R

R_ _ _ _A

Dues lletres de l'abecedari.

E_ _ _

E_ _ _

ABC

És allò que tens quan hauries d'estar estudiant per a l'examen però fa dues hores que encadenes capítols de la teva sèrie preferida.

R__-___

Dos capicues diferents amb les mateixes lletres que també són el nom de dos títols de discos de Lluís Llach.

___

___

El DIEC en dona una altra definició. Però aquest imperatiu el va fer famós en Jordi Muxach, pastor de la la mítica gossa Coloma, guanyadora d'una pila de concursos per tot el país.

___

La nostra habilitat diplomàtica no ve dels bascos, però sí que van fer una incorporació a la nostra llengua que ens la permet tenir si hi posem la mà.

E______A

Hi ha coses tan difícils de fer que t'obliguen a ____ la cansalada.

Una de les experiències més especials de qualsevol campament d'estiu és passar una nit al ___ (si no plou i no t'ataquen els mosquits, és clar).

★★★ Van sorgir a Anglaterra al segle XVII com a Societat dels Amics, i una part d'ells es van establir als Estats Units, on no queien gaire bé als puritans. Es van posicionar com a antiesclavistes i van donar un paper espiritual preeminent a les dones, però la majoria de nosaltres només els coneixem pel nom d'una marca de civada per a esmorzar.

Q _ _ _ _ E _

★★ Un cop les has pagades, ja no hi ha marxa enrere. Bé, sí que et pots fer enrere, però aquests calés ja te'ls pots pintar a l'oli.

A _ _ _ _

★ Paraula que defineix el que està a la part inferior respecte al que està més amunt. I al Pallars ho saben de sobres.

_ _ _ _ _

★★★ Un 1% de persones pateix aquest trastorn de la parla, però gairebé tothom ha experimentat breument una dificultat semblant en un moment de nervis.

Q _ _ _ _ _ _ _ R

★ Posa-hi llums de colors, posa-hi música alegre, porta-hi amics i una mica de menjar i beure i ja ho tindràs tot a punt per a un bon S _ _ _ _ .

Fa uns anys va tenir un gran èxit la trilogia de llibres i pel·lícules *Els jocs de la fam*, amb una protagonista que era A _ _ _ _ _ _ i intentava salvar la seva vida com ho hauria fet la deessa romana Diana.

La paraula difícil

L'acció que fan les aigües quan s'ajunten per formar un riu, un torrent o una cascada i a partir d'aquí avancen juntes com una sola cosa. Com una manifestació de fa uns quants anys, vaja.

A _ _ _ _ _- SE

!!

La convivència amb el veïnat no sempre és fàcil. Una de les situacions que demana més paciència és quan algú s'apunta a classes de violí i comença a _ S _ _ _ _ _ . La pau no tornarà a casa fins que els nyigo-nyigos no es converteixin en sons harmoniosos.

No es pot negar que un dels plaers de la vida és A _ _ _ _ _'S còmodament sota una ombra amb un bon llibre a les mans.

MENGEN ENSALADA RUSSA A RÚSSIA?

De les atraccions plenes de giragonses en diem *muntanya russa*. I del plat fred de verdures tallades a dauets amb maionesa, *ensalada russa*. Però com en diuen a Rússia? Doncs de l'atracció en diuen *muntanya americana*, perquè és allà on van inventar la versió moderna de l'atracció, i del plat, *ensalada Olivier*, en honor al cuiner que li va donar prestigi a Moscou a mitjan segle XIX. A la ruleta russa, en canvi, sí que l'anomenen així. I per acabar aquest text ens acomiadarem sense dir adeu, o el que és el mateix: a la francesa. Això si som catalans, perquè si som francesos segurament direm que ho fem *a l'anglesa* i, si som anglesos, *a la irlandesa*.

R L
E **G** A
T O

307 paraules, 14 tutis

Un dels tutis

Som a l'any cinquanta abans de Crist, tota la Gàl·lia és ocupada pels romans... Tota? No! Un _ _ _ G _ _ _ _ del nord habitat per gals indomables rebutja una i altra vegada ferotgement l'invasor.

Fa un fred que glaça la cua dels gossos!

G _ _

G _ _ _ _

G _ _ _ _

G _ _ _ _ _ _

G _ _ _ _ _ _ _

G _ _ _ _ _

G _ _ _ _

De la família dels moixos i mixetes.

G _ _

G _ _ _

G _ _ _ _ _

G _ _ _

L_ _ _ _ _

L_ _ _ _ _ _ _

L_ _ _ _ _ _ _ _

R_ _ _ _ _ _ _

R_ _ _ _ _ _ _

Si heu de firmar un contracte de lloguer, aquest vocabulari us serà familiar.

El matí de Sant Esteve ja no canta.

_ _ L _

Com que és un dels fruits més abundants a la Mediterrània, no és estrany que des d'octubre a desembre constitueixi més de la meitat de l'alimentació dels senglars. En trobem amb A o sense.

_ _ _ À

_ _ _

Abans teníem discos, calendaris, batedores o un joc de maletes gràcies a les caixes d'estalvi i algun banc, que, per alguna raó que ara sembla difícil d'entendre, volien tenir la clientela contenta i per això feien coses com _ _ G _ _ _ _ .

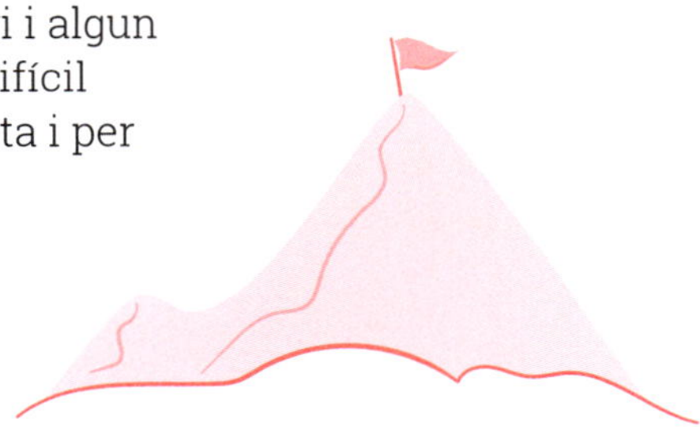

Si vols pujar al Matagalls et serà útil mirar la predicció del temps. Si vols pujar al Penyagolosa val més que miris la de l'_ _ _ _ G _ .

Un gegant de conte que té forma més o menys humana i el nas molt fi. Molt sovint el representen de color verd.

_ _ R _

Fer la pilota a algú amb repetició i guionet.

_ _ _ A - _ _ _ _

I ser algú que sempre fa la pilota, que encara és pitjor.

L _ _ _ _ _ _

Diu la llegenda que quan Narcís va veure el seu reflex a les aigües del riu es va trobar tan atractiu que es va enamorar d'ell mateix. N'hi ha que van per la vida com Narcís, pensant que són el centre del món. [singular]

E _ _ _ _ _ R _

Quan sona a plaça ens fa posar la pell de gallina i mirar enlaire.

G _ _ _ _ _

Cada cop que plou, aquestes figures grotesques vomiten aigua. [singular]

_ _ _ _ _ L _

Abans tothom el mirava per saber si calia córrer. Ara l'ha substituït un estri lluminós que fa moltes més coses.

R _ _ _ _ _ _ _

Ens agraden tant aquesta mena de llocs que a l'estiu hi anem en massa i el que és un espai natural tranquil i idíl·lic el convertim en una mena de piscina atapeïda i atabaladora. En trobem amb A o sense.

G _ _ _

G _ _ _ _

La paraula difícil

Els pastors saben bé que per fer-se un bon bastó han de triar una branca d'aquest arbust, que a més a més diuen que té la virtut d'anar millorant a mesura que es fa servir. És un tuti i ens recorda un dolç típic de Reis.

!!

T_ _ T _ _ _ _ _ _E

Experts, ella i ell, en afers divins. I no estem parlant de la glamurosa vida dels famosos.

_ _ _ L_ _ _ / _ _ _ _ _ _

Encara avui una cosa tan natural s'amaga, però el fet és que sense ella ni tu ni jo seríem aquí. Ni s'hauria fet mai un anunci sobre l'olor dels núvols.

R _ _ _ _

LLATINADES

Fa mil dos-cents anys com a mínim que escrivim en català, però mai no ens hem desenganxat del tot de la llengua mare: el llatí. No només és l'origen de la majoria de les paraules que utilitzem sinó que hi ha coses que encara avui les diem directament en aquesta llengua. En aquest rusc en trobem algunes, com _ _ O, un concepte molt estudiat per Freud i molt important per a les persones que tendeixen a pensar en elles mateixes, i _ _ _ O, que vol dir 'en conseqüència'. I ara podríem acabar aquest text parlant de ràtios, referèndums, hàbitats, dèficits, lapsus, quòrums i etcètera, però a priori no voldríem ser tan tòpics.

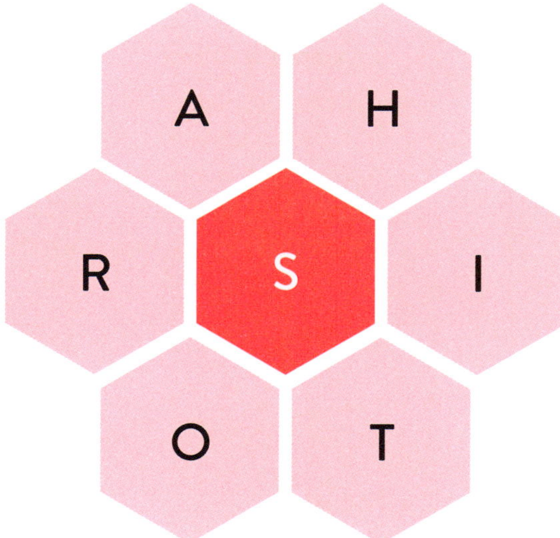

211 paraules, 3 tutis

Tres tutis sobre el passat i els seus estudis.

H _ _ _ _ _ _ _

H _ _ _ _ _ _ _ _

H _ _ _ _ _ _ _ _

Amb aquests menjars podríem fer un bon àpat (el primer i l'últim són d'origen asiàtic i aptes per als vegans).

AR _ _ _

OS _ _ _

RO _ _ _

RO _ _ _ _

SO _ _

Cosa d'**ossos**.

Troba'n almenys tres de sis correctes.

OS________

OS________

OS________

Quatre gentilicis

D'un imperi de l'antigor. → A _ _ _ _ _ À

D'un territori nord-africà. → S _ _ _ _ _ À

D'un país de l'Orient Mitjà. → S _ _ _ À

D'una ciutat castellana. → S _ _ _ À

★★ Amb el nom d'aquest ocell formem un verb que ens deixa molt sorpresos o espantats, de la mateixa manera que el seu cosí germà *esparver* ens fa esparverar.

A_ _ _ _

A_ _ _ _ _ _

★★★ Terra en estat de perfecció (i nom d'una prestigiosa revista valenciana).

_ _ _

★ Protagonista a l'ombra del programa televisiu i radiofònic *Crims*.

_ S _ A _ _ _

★★ Diuen que a l'hora de crear el personatge de Dràcula, Bram Stoker es va inspirar en el comte Vlad Tepes, a qui li agradava aplicar aquest tractament als seus enemics. A nosaltres ens agrada més per marejar pollastres de diumenge amb herbes aromàtiques.

_ _ _

★★ Hi ha una bestiola d'aspecte inofensiu i nom de conte infantil que fa uns ous de color R _ _ _ que semblen de broma. Però en realitat és un gran perill per a l'agricultura de part del país: si no es controla, pot A _ _ _ _ _ R qualsevol A _ _ _ _ _ _ R .

★★ A vegades et fiques en un embolic sense saber ni com, i et cal habilitat i una mica de sort per sortir-ne A _ _ _ _ o _ _ _ _ _ A .

Òndia! Ostres! Òstima!
Fora eufemismes!

_ _ _ _ I _

No he entès mai quina diferència hi ha entre l'A _ _ _ _ _ _ _ i l'A _ _ _ _ _ _, però dec tenir alguna d'aquestes xacres perquè cada cop em costa més fer qualsevol cosa amb les mans sense sentir punxades de dolor.

De lluny semblava un vaixell normal i corrent, però si de cop veies _ I _ _ A _ la Jolly Roger valia més que no t'hi resistissis i els ho donessis tot. En cas contrari, podien mostrar la bandera vermella i això volia dir que no hi hauria pietat.

Sembla que era en una altra vida, però durant uns anys es parlava de l'_ _ S _ català. Aquesta expressió, encunyada els anys trenta del segle XX pel periodista Manuel Brunet, va ressuscitar uns setanta anys després. I, com la primera vegada, va tenir els dies comptats.

Semideu luxuriós amb banyes i potes de boc.

S _ _ _ _

El 2022 hi havia una setantena d'_ _ S _ _ al Pirineu, la meitat dels quals a l'Aran i el Pallars. A tothom li agradaria veure'n algun –millor de força lluny– menys als ramaders, que els consideren un dels seus pitjors malsons.

La paraula difícil

Imagineu que sou pagesos de remença, que vol dir que esteu obligats a treballar una terra que no és vostra i que, si la voleu deixar, haureu de pagar el senyor. Imagineu-vos a més que un mal dia cau un llamp i hi provoca un incendi. Ja tenim prou desgràcia, no? Doncs no: si passa això, estareu obligats a donar l'À _ _ I _ a l'amo, un terç dels béns que us hagin quedat com a indemnització.

!!

A la catedral de Tarragona, a l'església del Pi de Barcelona i al monestir de Sant Cugat del Vallès és on trobem les més grosses de tot Catalunya. [singular]

R _ _ _ _ S _

Els detractors de l'homeopatia afirmen que la presencia d'ingredients químicament actius als seus preparats és I _ _ _ _ _ _ _ A i que, per tant, és impossible que produeixin cap efecte diferent al que faria el placebo.

FUTBOL EN CATALÀ

Ara fa uns cinquanta anys, en les primeres retransmissions esportives en català després del franquisme, el periodista i locutor de ràdio Joaquim Maria Puyal va utilitzar la paraula _ _ _ _ _ per referir-se al que en anglès anomenen *offside*. No se l'havia empescada ell: va reintroduir el manlleu lingüístic que havia trobat en publicacions dels anys vint i trenta del segle XX. Encara que no va escombrar l'expressió «fora de joc» –també present en altres esports com ara el rugbi, l'hoquei sobre herba o el waterpolo–, aquesta paraula de dues síl·labes era ideal per a les retransmissions, poc amigues de les expressions llargues. I ha acabat entrant al diccionari, contràriament a altres apostes de Puyal com «refli» (*referee*, àrbitre), «aut» (*out*, fora) o «hems» (*hands*, mans), que no han tingut la mateixa acceptació.

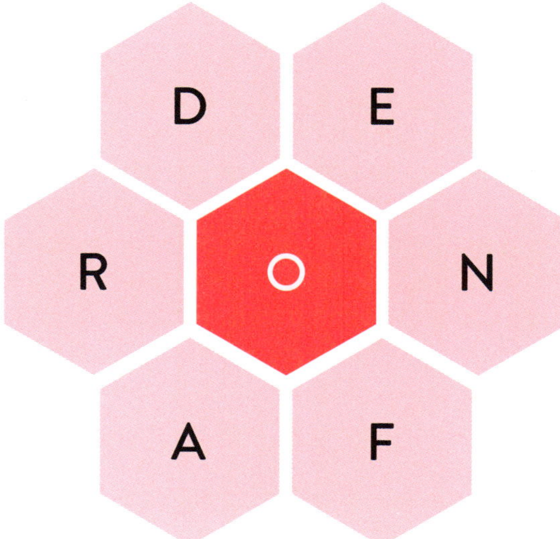

211 paraules, 8 tutis

El tuti

En moltes cases cada divendres se celebra el dia internacional de la pizza per sopar. Si els tutis d'aquest rusc fossin pizzes, caldria fer més d'una E _ _ _ _ _ _ _ A o tenir un forn gegant.

Paraules amb l'arrel llatina ***ordine***.

Troba'n quatre.

____

____

____

____

Acaben amb **-dor** o **-dora**, i no te'ls acabaràs.

N'hi ha vint-i-sis de cada!

__________DORA / __________DOR

__________DORA / __________DOR

__________DORA / __________DOR

__________DORA / __________DOR

__________DORA / __________DOR

__________DORA / __________DOR

__________DORA / __________DOR

__________DORA / __________DOR

__________DORA / __________DOR

__________DORA / __________DOR

★ La canalla més petita ho fa, amb els ulls tancats i un guionet al mig.

_ _ N - _ O _

★★ Dos mots que són bessons idèntics però amb pentinat diferent. Un d'estranger i un que no és a dins.

F _ _ _

F _ _ _

★★ Pot semblar un joc de nens, però aquesta arma, utilitzada amb destresa i precisió, va aconseguir repel·lir durant un temps els cartaginesos i més tard els romans quan volien establir-se a les Illes Balears. Durant segles, els habitants de les Illes van ser mestres en el seu ús en l'àmbit bèl·lic. Més tard es va fer servir com a eina de pastors, i avui la _ _ _ A és un esport amb federació i tot.

★★ **La frase feta**

Sempre ha estat una persona amb les idees molt clares, però darrerament ha perdut el _ _ _ _ .

★ Llibreria històrica de la ciutat de Barcelona surfejada per lectors en català des dels anys seixanta del segle XX.

_ _ A

Coses de canalla

Nena que encara no ha nascut. → N _ _ _ _ _

Nen de mesos. → N _ _ _

Nen, de manera col·loquial. → N _ _ _

Aparell volador no tripulat que aviat ens portarà les compres *online* per la finestra de casa.

_ R _ _

Fem això quan ens comuniquem amb algú si la conversa és tranquil·la i els punts de vista argumentats.

E_ _ _ _ _ _ R

Abans de l'aparició dels hotels i de les cases de turisme rural modernes n'hi havia per tot arreu. Ara costa trobar-ne una.

_ _ _ _ _

Sense accent és un peix o una part d'una cançó infantil; amb accent és ser una persona cruel i despietada com cert emperador romà.

_ _ _ _ / _ _ _ _

Si vius en una parròquia ets membre d'una comunitat religiosa o bé ets _ _ _ _ _ _ À o _ _ _ _ _ _ ANA .

Abans, si volies estar amb algú l'havies de R _ _ _ _ R una mica per veure si la cosa era recíproca. Ara amb les app, això de fer *match* és cosa de minuts.

La paraula difícil

Arbust o petit arbre de la mateixa família dels nerets i les azalees, molt estimat per l'autora de *Mirall trencat*.

R _ D _ D _ _ _ D _ _

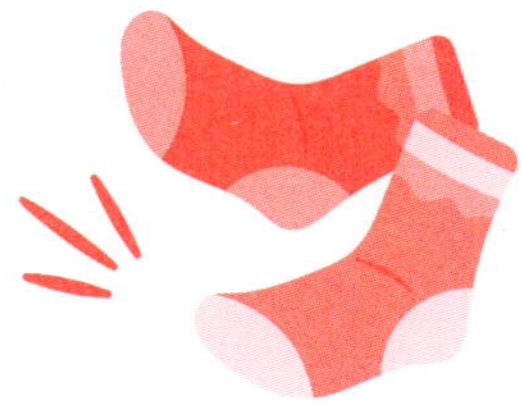

És un clàssic criticar la sogra, però fiquem-nos a la seva pell: què me'n dieu de la _ _ _ _ que t'ha girat el fill com si fos un mitjó?

Un que és cregut i li agrada d'anar fatxendejant.

F _ _ F _ _ _ _

Aquesta paraula no us costarà gaire d'esbrinar si sou gent observadora: descriu aquella persona que no para d'ofendre els altres.

O _ _ _ _ _ _ _ A

MANS I MÀNIGUES

Qui sap fer bé una cosa es diu que hi té la **mà trencada** però el que no arriba a final de mes perquè gasta sense control té la **mà** _ O _ _ _ _ _ _. Si tens les **mans brutes** és que ets culpable, i si tens les **mans netes** és que ets innocent. Quan tens la seguretat d'alguna cosa estàs disposat a **posar-hi les mans al foc** i quan t'escandalitzes et **poses les mans al cap**. Si algú et **passa la mà per la cara** és que és molt millor que tu, i si fa les coses amb diplomàcia és que **té mà esquerra**. I aquestes són només unes quantes de les frases fetes que diem relacionades amb les mans! Segur que les **teniu totes per la mà** i encara se us n'acudeixen una **mà** més.

16

I C

R **P** E

T N

86 paraules, 7 tutis

Un tuti amb tres E que tremola a la màxima intensitat.

E_ _ _ E_ _ _ E

Tres mots, tres P i la mateixa vocal.

P_ _ (Enganxa)

P_ _ (Multiplica)

P_ _ (Put)

Ep, per començar.

Troba'n almenys tres de cinc.

EP_____

EP_____

EP_____

Oficis (alguns en desús).

Fa d'intermediari entre parlants de diferents llengües. → I _ _ _ _ _ _ _ _ T

Comprova els danys del cotxe. → P _ _ _ T

Fa o ven objectes per pentinar. → P _ _ _ _ R

Ven un producte càrnic, sovint al mercat. → TR _ _ _ R

Als carrers de Catalunya del Nord s'ha fet tradició i és fàcil trobar qui te la faci dolça o salada. Al sud van aparèixer amb la moda de les *food trucks* i també han anat fent forat.

_ _ _ P

L'objectiu de l'alpinista, que els col·lecciona.

_ _ _

El que ocupa la zona perifèrica del Pirineu, tant vist des de les Corberes com des de la serra del Cadí, és l'espai P_ _ _ _ _ _ _ _ _ _C.

Som molts els que sentim aquesta paraula i ens ve al cap el d'Ottokar, a la imaginària república de Sildàvia.

C_ _ _ _ _

Agafeu un *Boletus edulis*, talleu-lo a làmines, salpebreu-lo i passeu-lo per la paella amb una gota d'oli fins que s'enrosseixi lleugerament. No cal res més per assaborir el que molta gent considera el més exquisit dels bolets.

_ _ _

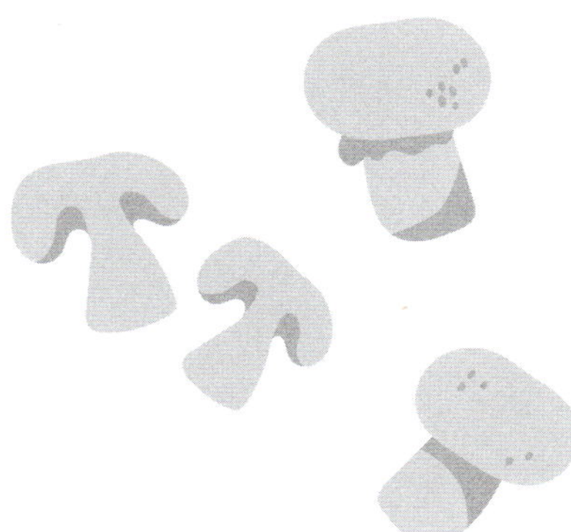

★★ És sinònim de poc valor i potser és cert que amb un de sol no es pot fer gran cosa, però els Beatles van dedicar una cançó al carrer de Liverpool que portava el seu nom i això ja fa que valgui molt més!

_ E _ _ _

★ Dues paraules al mirall. Quan el nadó ja no té gana podem dir que ha quedat _ _ _ de _ _ _.

★ Si ens el fan dibuixar segurament el farem dalt d'un cavall, amb capa i galons i decidit a casar-se amb alguna dama de la més alta noblesa per seure junts al tron el dia de demà. Però el que ens cau millor de tots és el Petit.

_ _ _ _ _ E _

★★ Aquesta paraula prové de la llengua dels dakotes. Encara que el que el disseny pugui semblar molt bàsic, responia exactament a les necessitats dels que s'hi allotjaven: materials impermeables, bona climatització, comoditat per als usuaris i facilitat de muntatge i desmuntatge.

_ _ _ I

★★ En vols més? En vols més?

R _ _ _ _ _ R

La paraula difícil

A vegades el millor per tenir una relació correcta amb algú és P _ _ _ _ _ _ R les desavinences que hagueu pogut tenir i actuar com si ni us en recordéssiu.

!!

Als restaurants de calçotada insisteixen a fer-ne portar fins i tot als clients més granats.

_ _ _ E _

Paraula amb dues N que es manté durant tot l'any sense que li caigui res.

_ E _ _ N _ _

NO N'HI HA PER TANT!

A l'hora de descriure una situació sempre sopesem el grau de neutralitat o d'emoció que hi volem posar. En aquest rusc hi trobem dos dels incomptables adjectius que podem aplicar als moments més àlgids i als més decebedors, amb un nivell alt de dramatisme. El minut d'or d'una superproducció de Hollywood, el moment en què triomfa una revolució popular, el moment més intens d'una relació amorosa... tot això podem dir que és È _ _ C, mentre que el triomf per la mínima del nostre equip contra l'equip cuer de la lliga o els tristos guanys de la nostra empresa és un resultat P _ _ _ _ C .

91 paraules, 3 tutis

Tuti amb punt volat que ens deixa sense esperança i no gaire engrescats.

D_ _ _ _ · _ _ _ _ Ó

Comencen per **IL·L**.

IL·L_ _

IL·L_ _

IL·L_ _ _ _

N'hi ha dotze, troba'n (almenys) cinc.

Un munt de paraules amb el sufix **-ós**.

____

____

____

____

____

Xifres que sumen vuit.

_ _ _

_ _ _

Per somriure no diguem *cheese*, diguem _ _ _ _ _ !

Com altres combustibles d'origen fòssil, aquest també té els dies comptats.

_ _ _ S _ _

Paraula infantil dita de manera repetida per fer enrabiar algú mentre es fa pam i pipa.

_ _ L

Aquesta flor és el símbol del llinatge d'alguns dels reis més nefastos de la nostra història, començant per Felip V i arribant fins a l'últim descendent de la dinastia.

_ _ _

A mitjan anys noranta es van popularitzar els mòdems, que feien un concert de xiulets esgarrifosos cada cop que es connectaven a internet com si els suposés un esforç enorme (tot i que anaven lents com cargols). Per sort, aquells aparells ja estan en _ _ _ _ _ .

Lliçó d'orientació de nivell P-3: Si et perds per la muntanya pots saber on és el nord i on és el sud amb bastanta facilitat mirant les diferències entre els vessants. L'obaga, zona més humida i ombrívola, mira al nord, i el _ O _ E _ _, més lluminós i més sec, cap al sud.

«Soc del _ _ _
del front meridional
del parlar refugiat
del somni exiliat»
(Obrint Pas).

En Carles Puyol va haver de plegar del Barça per culpa seva, després de trescents noranta-dos partits oficials de Lliga. Se'n va anar amb sis lligues i tres champions sota el braç.

L _ _ _ _

Segons els grecs antics, els herois i les persones virtuoses hi descansaven després de morts. Ells no el situaven a París sinó a l'inframon.

E _ _ _ _

T'has quedat sense benzina al cotxe enmig del no-res. Camines per la carretera dues hores quan de sobte veus una estació de servei. T'hi fixes més i veus que els preus són magnífics, com els del temps de la pandèmia! Segueix caminant, segur que això és una D _ _ _ _ _ Ó.

La paraula difícil

Hi ha dues paraules que sonen igual i cap de les dues és agradable: si va amb R es refereix als mals, i sense R –que és com apareix al rusc– és un fet fraudulent, enganyós.

_ _ L _ _

De tacte suau, finíssim, com el de la tela del mocador que brodava la donzella a la vora de la mar.

_ E _ _ _

Abans la feien doble i ara només en fan una, sempre amb la llum tancada.

_ _ _ _ _ _

Diuen que el S _ _ _ de David Gilmour a la cançó *Comfortably Numb* de Pink Floyd és el millor de la història del rock, però aquest honor se'l disputa amb Brian May a la cançó *Killer Queen* de Queen. També hi ha qui pensa que fer aquestes classificacions són ganes d'avorrir la gent.

PICORS AL NAS

En llatí en deien *sternutu*, que s'ha mantingut gairebé idèntic a **esternut**, que és la forma més popular actualment en català. Tot i així, en alguns llocs es diu de manera ben diferent: al Maresme es pot sentir **estuforn**, que s'allunya una mica de l'original, i al Moianès, Osona i el Ripollès encara van més enllà i en diuen **eixavuiro**. A Mallorca fan **atxems** i a Menorca i al Rosselló **atxims**, però en general a les Illes un esternut és un U _ _. Qui ho sap tot sobre aquest tema és el lingüista Joan Veny, que va escriure l'estudi «Els noms de l'*esternut* en català» (el trobareu fàcilment a internet).

L I

A **T** M

R O

364 paraules, 9 tutis

Apunta'n quatre.

Dels nou tutis, sis amb la forma sufixada **-itat**.

__________ITAT

__________ITAT

__________ITAT

__________ITAT

N'hi ha deu, troba'n sis.

Del món dels difunts.

____

____

____

____

____

____

Noi, noia i colla de nois i noies.

_ L·L _ _

_ L·L _ _ _

_ L·L _ _ _ M

Troba'n tres de set.

Comencen per **LL**.

LL__________

LL__________

LL__________

★★ Fa anys hi havia qui anava al súper i en sortia carregat de bosses de plàstic, posava la rentadora per rentar una samarreta i dues calces i feia dutxes de vint minuts sense cap mena de mala consciència. Ara, però, hem entès que el planeta no pot seguir el ritme que portem en aquesta part del món. No tot és I _·_ I _ _ _ _ T .

★★ Ens neix al cor i rega generosament tot el cos.

A _ _ _ _

★★★ Molta gent coneix la corba popularitzada per un gat argentinocatalà, però la majoria no sap que es refereix al contrafort natural d'una muntanya.

M _ _ R _ _

★ És la partícula més petita d'un element químic i en grec vol dir 'indivisible'.

_ _ O _

★★★ Planta del nabiu que fa mata a l'alta muntanya.

M _ _ _ I _

Aquesta paraula sempre ens fa pensar en la poció màgica del druida Panoràmix i, és clar, l'olla on va caure l'Obèlix de menut.

_ A _ _ _ _ _

Quan comença a fer fred el convidem a viure a casa, li donem abric i menjar i després l'atonyinem. I l'any següent tornem-hi. No hi ha qui ens entengui.

_ _ _

Sobretot l'ordi, però també el sègol, l'arròs, el blat... Qualsevol cereal després de fer-lo germinar i assecar en unes condicions especials s'hi converteix. És el primer pas del que acabarà sent cervesa o un destil·lat.

_ A _ _ _

Rosegador de mida mitjana, de potes curtes i cos ample i un aspecte força rabassut que fa uns xiulets estridents que ens sorprenen a les tarteres del Pirineu.

_ _ _ M _ _ _

En aquest rusc n'hi ha un que viu en una bota (on per cert s'hi fan molt bons vins).

I _ _ _ _ _

18

La paraula difícil

Quan un conjunt de coses o persones van apinyades com el fruit de grans petits i sucosos que es cull a la segona meitat de l'estiu, diem que està A _ _ _ _ _ _ T.

El cavall et pot portar al T _ _ _ i arribaràs de pressa. Però si les lletres se't posen al revés vigila perquè anireu de _ _ _ T i podries caure a terra!

Les flors escaldades que ens donen tranquil·litat.

T _ _ · _ _

QUANT N'HI POSO?

Si heu après a cuinar a casa en lloc d'haver anat a una acadèmia professional, és segur que algun dia deveu haver demanat a la mare, el pare o la iaia: «I d'això quant n'he de posar a l'olla?», i la seva resposta us deu haver deixat tant o més confosos que abans. Perquè si demanàveu quanta sal, us poden haver contestat tranquil·lament que «un grapadet», i si era oli és perfectament possible que hagin dit que «un T _ _ _ _ _ R _», que és una expressió popular que encara no té aquesta definició al diccionari. Però quants grams o mil·lilitres són? Són unitats de mesura imprecises, que també tenen equivalents en l'àmbit del temps: «Vindré a quarts de set» són un, dos, tres quarts de set? Val més no fer-s'hi mala sang, que tal com deia el poeta Màrius Sampere, «la vida és provar-ho infinites vegades». I amb la cuina i amb la llengua també.

S F

O **L** A

U B

127 paraules, 2 tutis

Aquest tuti és net i fantàstic. → F _ _ _ _ _ _

Aquestes paraules comencen per **SAL**.

Trobeu-ne quatre de cinc.

SAL______

SAL______

SAL______

SAL______

...i aquestes, per **SOL**.

Trobeu-ne tres de quatre.

SOL _____

SOL _____

SOL _____

Una sola lletra diferent ho canvia tot.

Molt popular per Sant Josep i per Sant Joan. → _ _ LL _

Aquesta està fora de si. → _ _ LL _

Una que tot i estar aferrada tremola pel vent. → _ _ LL _

Pastís tradicional fet de farina i farcit de brossat o de formatge. Tan tradicional que ja en va parlar Ramon Llull al seu llibre *Blanquerna*, escrit el 1238. Avui es fa sobretot a les Pitiüses, a Menorca i al Maestrat, però també és tradicional a Olot i a l'Empordà.

_ _ _ Ó

Locució palindròmica que fa coses sense cap ni peus.

A _ _ B _ _ _ _ _

Aquest sistema anticonceptiu és bastant més segur que l'Ogino però bastant menys que els mètodes de barrera, perquè demana molta precisió i constància diària a l'hora de prendre's la temperatura _ A _ _ _.

Va ser el cognom d'un alter ego de Jaume Sisa, un personatge que segons la biografia oficial va néixer en alta mar i després d'un accident que el va deixar amnèsic durant dècades va aparèixer a Madrid i es va dedicar un temps a interpretar boleros i cançons romàntiques en castellà.

S _ _ _ _

Desig d'aquest embotit, que pot ser blanc o negre.

B _ _ _

19

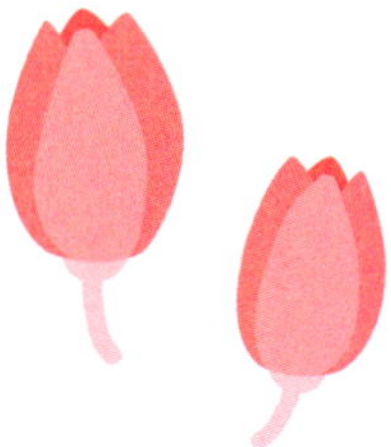

★★ És discret i no es deixa veure, però ofereix flors tan llampants com lliris, iris, tulipes o dàlies.

B _ _ _

★ Mantell blanc que de cop s'entusiasma i arrasa per allà on passa.

_ L _ _ _

★★ En Rocky és un conegut boxejador que va protagonitzar sis pel·lícules molt taquilleres entre 1976 i 2006. El seu cognom no surt al diccionari, però sí el nom de la moneda de Panamà, que es diu igual.

B _ _ _ _ _

★ Quan plou, un dels jocs preferits de nenes i nens és saltar-hi damunt.

_ _ _ _ _ _

★ Ni ella ni ell són autèntics.

_ _ _ S _

_ _ _ _

La paraula difícil

Butllofa tocada del bolet.

B _ _ _ _ _ A

!!

En Manuel de Pedrolo ens la va presentar com una noia verge i bruna.

_ L _ _

Dues lletres repetides fan un palíndrom llunyà.

_ _ _ _

LES COSES TAL COM SÓN

Si al rusc número sis parlàvem de paraules compostes que tenen un aire gairebé poètic, aquí volem parlar de les que són purament descriptives referides al cos. Unir en un mot un nom i un adjectiu ens fa més àgil la comunicació, i el diccionari en recull uns quants. És cert que molts són d'aquells que assenyalen característiques físiques que potser no són gaire elegants de remarcar: capgròs, bocaample, camacoix, colltort, culgròs... Però el que surt a aquest rusc, ULLB _ _ _ és una descripció cent per cent objectiva.

N D

O **M** R

G A

167 paraules, 5 tutis

El tuti
A l'arrel gruixuda i sovint antropomorfa d'aquesta planta se li atribueïen propietats afrodisíaques immediates. Sembla que les bruixes també n'utilitzaven.

M _ _ _ _ _ _ _ _ _

Llista amb molt de poder.

MANA _ _

MANA _ _ _

MANA _ _ _ _

MANA _

Llista de paraules que oculten alguna cosa.

A _ _ G _ _ A

A _ _ G _ _ _ R

A _ _ G _ _ _ _ A

A _ _ G _ R

Tutti-frutti (la primera, amb dues grafies possibles).

M _ _ _ _ _ A / M _ N _ _

_ _ A

M _ _ _ O

M _ _ A

El que fem amb el jersei o camisa, de manera figurada o literal, abans de posar-nos a fer una feina absorbent. [infinitiu]

A _ _ _ _ _ _ _ _ R

Ja fa molt de temps que els líders de l'església M _ _ _ _ _ A van decidir que la parella havia de ser _ _ _ _ _ _ _ A, però es calcula que encara hi ha comunitats que practiquen «matrimonis plurals», seguint la revelació que el seu líder Joseph Smith va dir que havia tingut el 1830.

Si us impressiona veure la lava d'un volcà, penseu que sota els peus hi tenim sempre aquesta matèria roent!

M _ _ _ _

Si t'agrada molt la bona teca, no deixis que et diguin golafre: tu el que ets és un _ _ _ _ _ _ _ D (una paraula d'origen francès que per cert és un tuti net).

Una lletra ho canvia tot!

Aquest camí baixa molt dret, millor que fem M _ _ _ _ D _ per no fotre'ns una bona M _ _ _ _ _ A!

Tothom coneix l'home aranya, Spiderman, i l'home ratpenat, Batman. El diccionari diu que D _ _ _ _ _ _ N designa l'antic intèrpret lingüístic als països àrabs, però la veritat, a nosaltres ens fa pensar molt més en un superheroi que sigui mig home mig dragó!

Fixa't en la paraula AMAGARAN. I ara barreja bé les seves lletres. Què n'ha sortit?

A _ _ _ _ _ _ A

Si necessites _ _ _ _ _ _ R la barca al norai, val més que facis servir una bona M _ _ _ _ A .

Ho sap tothom: millor no beure aigua després de prendre un suc de taronja perquè resulta _ _ _ _ _ _ .

La frase feta

A _ _ _ d'A _ _ , aigua en cistella.

El moviment Mugrons Lliures reivindica que les dones puguin portar la _ _ _ _ (bé, totes dues) a l'aire a les piscines catalanes, igual que ho fan els homes.

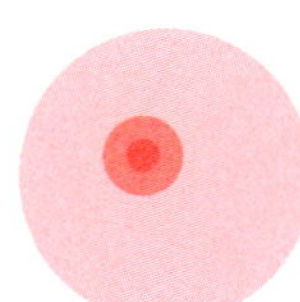

La paraula difícil

N'hi ha molts a qui els agrada portar la contrària. Com el salmó, que va contra corrent i per això se'l considera un peix A _ À _ _ _ M .

Imagineu-vos vagar pel desert durant quaranta anys tot esperant trobar la terra promesa. Què us vindria de gust menjar durant aquest temps tan dur? Alguna cosa fresqueta? Dolça? Salada? Doncs segons l'Antic Testament, Déu va enviar M _ _ _ _ cada dia de l'èxode, que era un menjar amb el gust i l'aparença que més desitjaven.

Que la vida real és complicada ja ho sabem. Però confessem-ho: de tant en tant ens encanta mirar un bon D _ _ _ _ i deixar anar quatre llàgrimes davant la pantalla.

PARAULES AL MIRALL

Els palíndroms es llegeixen igual tant del dret com del revés, ja siguin paraules soles com pop, rar, Anna, suaus, o grups de paraules, com la mítica frase reivindicativa que va popularitzar Màrius Serra: català a l'atac. I hi ha també els bifronts, que es caracteritzen perquè tenen dos significats, segons si es llegeixen d'esquerra a dreta o de dreta a esquerra. En podem trobar molts: poll/llop, arròs/sorra... o el més conegut, que és el que es troba en aquest rusc:

A _ _ _ / _ _ _ A

76 paraules, 13 tutis

Un tuti...
Molt passat de moda. Tant, que no té ni el glamur de *vintage*.

A _ _ _ _ _ _ _

...i dos més
Dos tutis nets amb un accent de diferència: un defineix una generació, l'altre és un terreny.

Q _ _ _ _ A / Q _ _ _ _ À

QU

Lista de paraules que comencen amb **QU**.

Troba'n sis de catorze.

QU________

QU________

QU________

QU________

QU________

QU________

_ A _ (Capgròs)

_ A _ (Nascut)

_ A _ (Vaixell)

Tres paraules de tres lletres amb només una que canvia a cadascuna.

Quan es despulla es fa un nus.

_ _ _

El 1980 Mercè Rodoreda va publicar un llibre que es deia _ _ _ _ _ _ , _ _ _ _ _ _ _ *guerra*. A les seves pàgines explica les aventures d'un adolescent anomenat Adrià. I no s'hi descriu cap batalla. [paraula repetida]

Joc d'amagar-se i aparèixer sobtadament que es fa als més menuts de casa i que els causa una gran emoció.

_ _ _

Única paraula amb dièresi de tot el rusc; fet per ser enterrat.

_ _ Ü _

Unes sabates fetes amb aquest tipus de pell formen part del títol d'una de les primeres cançons de rock'n'roll de la història. El 1955 la va gravar el seu autor, Carl Perkins, però la versió que en va fer un any més tard Elvis Presley la va fer molt més famosa.

_ _ _

Durant un temps es va posar de moda dir que, en la criança dels fills, l'important no era la _ _ _ _ _ _ _ _ _ _ d'hores plegats sinó el temps de qualitat que hi passes.

«Un | _ _ _ _ | baixa a la ciutat, cavalcant dalt d'un poni. Porta una ploma al barret i crida: "Macarroni!"». Sí, ja sabem que la història d'aquesta cançó no té ni cap ni peus, però la majoria no en tenen i ens agraden igualment!

El senyor X forma part de la flor i _ _ _ _ de l'alta societat. Per ell, ser ric és una cosa _ _ _ A _ _, li ve de família.

Actualment la paraula _ A _ _ apareix al diccionari com a sinònim d'armadillo. Però què us hi jugueu que aviat el Termcat també l'acceptarà com a manera d'anomenar els dibuixos fets amb tinta sota la pell?

Va ser ahir després de sopar, cap a les onze.

→ _ _ I _

La paraula difícil

Aquesta substància es troba a la pell, la polpa o les llavors del raïm i marca el gust del vi i la seva capacitat de maduració. En tenen sobretot els vins negres.

!! T _ _ _

La _ _ _ N _ _ _, base de la tònica, té propietats antipirètiques, antipalúdiques i analgèsiques. I els ginebrons són beneficiosos per a la menstruació i el sistema urinari masculí. Però que ningú s'enganyi: el gintònic no cura res.

La I _ _ _ _ _ _ _ T és una característica de la justícia en els països sense democràcia.

AIXÒ VAL UN IMPERI!

Les unitats de mesura a vegades són imprecises, varien d'un lloc a l'altre o simplement funcionaven fa temps però ara ja han perdut el sentit per a nosaltres. Per exemple, una *quartera de sembradura* es defineix al diccionari com una 'mesura superficial agrària equivalent a l'extensió de terra que es pot sembrar amb una quartera de gra', que ves a saber com deu ser de gran. I no s'acaba aquí: l'Alcover-Moll s'explica que una *quartera* a Andorra equival a 22,30 àrees; a Barcelona i Granollers a 24,48 àrees, i al Moianès a 36,28 àrees, que al seu torn són 1.500 canes quadrades... i ja que parlem de canes: són vuit pams, o sis peus, o dos passos, i a Barcelona es defineixen com a 1,155 metres. No són pas els sistemes més estranys que es coneixen: a Egipte, per exemple, partien de la unitat de «colze reial». Sort que a partir de la Revolució Francesa es va començar a implantar el sistema decimal a mig món! Segur que ens va estalviar unes quantes guerres, perquè fins llavors era un embolic!

T N
I **C** E
L O

177 paraules, 5 tutis

Ara que els historiadors no se'ns empipin per posar-les al mateix sac, però de revolucions marcades per les pedres n'hi ha dues que ens venen el cap: la intifada palestina i la de l'època del N _ _ _ _ _ _ _ , marcada pel domini de la pedra polida.

Trobeu-ne tres de cinc.

99+1 i la seva família.

C________

C________

C________

Paraules amb **«cercle»** com a origen.

C _ _ _ E

C _ _ _ _ C

C _ _ _ Ó

C _ _ _ _ _ _ C

Trobeu-ne almenys quatre de sis.

Paraules que comencen per **CLO**.

CLO________

CLO________

CLO________

CLO________

22

★ Aquí no en tenim, d'aquests animals, però el coneixem molt bé com a encalçador pocatraça del Correcamins.

_ _ _ _ _

★ La Valentina Tereixkova va ser la primera dona del món a enfilar-se a un _ _ _ _, el 1963. El seu codi de vol era Gavina en rus, però va volar moltíssim més alt que qualsevol _ _ _ L _. Avui hi ha un cràter de la Lluna que porta el seu nom.

★ La unió d'aquestes dues paraules ens portaria directament a pensar en una de les xarxes socials més populars entre la gent jove. Però de manera separada descriuen un moviment convulsiu i l'acció de tocar (i també un trastorn mental, entre altres).

_ _ _

_ _ _

★★ *Remena nena* va ser un cuplet molt popular al Paral·lel de Barcelona, on, en principi, s'explica com fer un _ _ _ _ E _. El va compondre el pare de la Mary Santpere els anys trenta del segle passat i el va tornar a popularitzar l'any 1970 la Guillermina Motta.

★★ Si és molt car podem dir de manera grollera que costa un C _ _ _ _.

A en Patufet li va servir per arrecerar-se de la pluja, però va acabar a la panxa del bou per culpa seva.

_ _ _

Algú que no sap mesurar les paraules, que sempre xerra més del compte. També val per a qualsevol altre excés incontrolable.

_N _ _ _ _ _ _ _ _ _T

El _ _ _ I _ del lactant és una de les coses que més temen els pares dels nadons. Encara que no és greu mèdicament, veure com la criatura plora durant hores i no poder-hi fer gran cosa és una tortura.

Diuen les àvies que el _ _ _ _ és un _ _ _ _ del cos que cal mantenir ben tapat si vols evitar els refredats, juntament amb els peus i la ronyonada. És un bifront, per cert [vegeu el rusc 20].

El poderós Sam és un dels més coneguts arreu del món. [singular]

_ N _ _ _

Els experts no recomanen fer servir oli de gira-sol per fregir perquè s'oxida molt de pressa, al contrari de l'oli d'oliva, que té un alt contingut d'àcid _ _ E _ _ .

La paraula difícil

De fer un acte voluntari se'n pot dir volició, i de no voler fer una cosa, _ _ L _ _ I _ .

Pel nom sembla una au de les grosses, i pel nom científic una de petita, ja que és *Leopardus pardalis*, però en realitat és una mena de gat salvatge i solitari que viu a Amèrica.

_ _ E _ _ _

Els anys vint a Catalunya es va popularitzar-se el naturisme, un moviment que unia l'amor per la natura i la solidaritat i que era molt proper a les tesis llibertàries. En qualsevol activitat que feien s'hi havia d'anar C _ _ _ _ L .

MALEÏTS GUIONETS!

Reconeguem-ho: la presència o no de guionet en una paraula composta moltes vegades ens fa ballar el cap. És cert que la majoria de paraules d'aquesta mena no en porten (passavolant) però hi ha molts casos en què sí que n'hem de posar: als cardinals (nord-oest), als numerals (vint-i-set), als manlleus adaptats (au-pair) i a les paraules repetitives (poti-poti). Fins aquí les normes més o menys fàcils d'entendre.
I llavors comencen les que ja no són tan senzilles, com per exemple que «s'escriuen amb guionet els conjunts formats per un nom o un adjectiu precedits de l'adverbi *no* que han assolit un alt grau de lexicalització; en aquests casos, no es comporta com un prefix». I així, *no-violència* porta guionet però en canvi, *una persona no violenta* no en porta.
Us heu perdut? Doncs això és exactament el que dèiem. Per sort, al segle XXI tenim un gran aliat, internet, que resoldrà tots els nostres dubtes.

E I

L **B** N

C A

157 paraules, 4 tutis

Els dos tutis més llargs tenen deu lletres. Un sembla que no tingui final i l'altre podria fer pendent.

I _ _ _ _ _ _ _ _ E

I _ _ _ _ _ _ _ _ E

Troba'n tres de deu.

Aquestes paraules venen de la paraula d'origen llatí que vol dir 'blanca'.

A__________

A__________

A__________

Troba'n tres de vuit.

Amb el prefix **BI-**, que implica dues vegades.

BI__________

BI__________

BI__________

Dues paraules, dues lletres iguals i una que canvia.

Suau i tou. → _ L _

Cordó de l'espelma. → _ L _

A la majoria d'humans omnívors d'aquest país ens agrada molt el pernil (o moltíssim). Si prové de porc criat de manera respectuosa i ha estat alimentat amb gra, o sigui que és d' E_ _ _ _ _ _ _ _ , encara és millor.

Una de les mostres més importants de l'arquitectura gòtica residencial del segle XV és el palau A _ _ _ _ A _ de Vilabertran (Alt Empordà). Es va construir a l'època de l'abat Girgós, i després de la desamortització es va reconvertir en masia, que van anomenar Can Cigró.

Poca broma: Einstein va dir que sense elles els humans només sobreviuríem quatre anys al planeta. Salvem l' _ _ E _ _ _ !

Pot ser de palla, de vidre o metàl·lica (i en aquest últim cas, també mortífera).

_ _ _ _

Els de Sabadell s'identifiquen amb aquest vegetal fins al punt que ha donat lloc a un gentilici popular alternatiu –amb la grafia alterada– que ha esdevingut el nom de la colla castellera local.

_ _ _ _

Aquest cosí germà de l'abadejo és l'element clau de diversos plats de cuina tradicional, com l'empedrat.

_ _ _ _ _ _ _

«Si no es _ _ _ _ A , no és la meva revolució». Aquesta frase, si fa o no fa, s'atribueix a Emma Goldman, un referent de l'anarcofeminisme nascuda el 1869 que es va arribar a convertir en l'enemiga pública número u dels Estats Units.

El banús és una fusta fosca, dura i compacta, i els insectes no la poden atacar. Una altra manera d'anomenar-la és E _ _ _ .

A Venècia en fan una d'art que és gairebé tan famosa com el Carnaval.

B _ _ _ _ _ _

La frase feta
Quan no ets capaç de veure la realitat, diem que portes una _ _ _ _ als ulls.

La cantant _ _ _ B _ és la primera obra dramàtica d'Eugen Ionescu, i està considerada una de les més importants del teatre de l'absurd.

La paraula difícil

Aquella clapa de cabells blancs entre d'altres de més foscos, o la petita acumulació de neu en una petita part d'un prat.

B _ _ _ _ _ LL

Passa de les crítiques destructives, no en facis C _ _ _ _ .

Les pel·lícules de gènere _ E _·_ _ _ són ideals per al diumenge a la tarda: si les batalles es fan massa llargues sempre pots fer una capcinada.

LES BATALLES DE POMPEU FABRA

Potser ens imaginem els lingüistes i gramàtics com uns personatges pacífics, introvertits, tirant a ensopits. Segur que són prejudicis. El que podem constatar és que almenys dos dels més rellevants de la llengua catalana, Pompeu Fabra i Antoni Maria Alcover, van protagonitzar una guerra que va tenir episodis dignes d'un culebrot. Tots dos volien posar ordre a la llengua catalana, però ho feien des de visions gairebé oposades: mossèn Alcover, abrandat i romàntic, buscava una llengua «pura», arcaïtzant, molt descastellanitzada i amb una forta presència dels dialectes, mentre que Fabra, més racional i endreçat, era expeditiu i pràctic i estava decidit a posar el pes principal en el català central. El xoc era inevitable. Fabra va aconseguir imposar la seva proposta, però la feina d'Alcover va donar lloc al meravellós *Diccionari català-valencià-balear*. Mentre no fan una pel·lícula o millor, una sèrie de tot plegat, continuarem gaudint de les obres de tots dos mestres.

I S

R **N** A

T G

241 paraules, 8 tutis

El tuti

Tuti de nou lletres que a l'estiu competeix amb l'orxata per refrescar i treure la set.

_ _ _ _ _ _ _ _ _

Troba'n cinc d'onze.

Alguns tenen fam, altres simplement comencen per **GA**.

GA__________

GA__________

GA__________

GA__________

GA__________

Atenció!

No totes comencen ben bé igual!

Trobeu-ne cinc de set.

Paraules sanguinolentes.

S__________

S__________

S__________

S__________

S__________

Dues onomatopeies amb guionet que van a toc de campana i de campaneta, respectivament.

_ _ _ _ - _ _ _ _

_ _ _ _ - _ _ _ _

Dona de la capital de l'Urgell.

T _ _ _ _ _ _ _ A

La frase feta

Manel té una cançó molt coneguda que es diu *Corrandes de la parella estable*, que a la tornada diu «i ens ha costat Déu i ajuda arribar fins aquí». Si els hagués encaixat la mètrica també haurien pogut dir «i hem **suat** _ _ _ _ _ per arribar fins aquí».

L'ampolla de l' _ _ _ _ més famós, orgull de Badalona, té uns relleus inspirats en antics flascons de perfum que han fet que també servís com a instrument musical.

Els ocells ho acostumen a fer acumulant branquillons o fang dalt dels arbres. Diuen que els humans quan estem a punt de ser pares també tenim aquest I _ _ _ _ _ _ (per això acumulem objectes, la majoria innecessaris, a l'habitació de la futura criatura).

Marjane Satrapi explica al còmic *Persèpolis* com al seu país les dones van perdre els drets després de la revolució islàmica encapçalada per Khomeini. L'assassinat d'una noia kurda en mans de la policia de la moral el setembre del 2022 va donar un impuls mai vist a la lluita I _ _ _ _ _ _ A per recuperar-los.

Bestiari

Gros i pelut, amb banyes enormes. → A _ _

Vola de nits, la llum l'atrau. → A _ _ / A _ _ _

Cua llarga, moviment nerviós i ràpid. → S _ _ _ _ _ _ _ _ _

24

«Voleu emprenyar els veïns? Canya per un tubo!», cridava als concerts en Papa Juls, saxofonista d'aquell mític grup empordanès dels anys noranta. És un **tuti**.

_ A _ _ _ _ _ _ _

El monòlit més gran d'aquest material fa nou cents catorze metres d'alt, li diuen El Capitán i es troba al parc de Yosemite, a Califòrnia. Però per saber quin aspecte té aquest tipus de roca no cal anar tan lluny: en podem trobar a moltes cuines.

_ R _ _ _ _

La Ràpita s'ha tret de sobre el Carles i el _ _ _ _ .

Parlem d'un accident, però dit d'aquesta manera sembla encara més terrible i funest.

_ _ _ I _ _ _ _

Els refredats i algunes al·lèrgies, com al pòl·len o als àcars, provoquen aquesta inflamació.

_ _ N _ _ _ _

Sembla una barreja inventada per escurar les butxaques dels turistes despistats, però aquesta mena de beguda té molta tradició, amb diferents variants, arreu del món. Si us n'ofereixen per acompanyar una paella just acabada de descongelar i a preus estratosfèrics, malfieu-vos-en.

_ _ _ _ _ _ _

La gent és com és, cadascú
té el seu _ _ _ _ _ _ À .

!!

La paraula difícil

Deixar algú sense esma a causa d'un cop físic o psicològic. Amb quatre A, dues T i dues R.

A _ _ _ _ _ _ _ _ R

En aquest gran recipient obert per dalt és on es fa el vi o on s'assaonen les pells, com ja sabien perfectament els romans.

_ _ _ A

NOCIONS PRÀCTIQUES D'HEBREU I ARAMEU

Remenant diccionaris topem amb paraules que rarament sentim al nostre dia a dia. Algunes ens sonen, però n'hi ha d'altres que simplement no hem sentit mai. Una de les categories de paraules curtes que no són d'ús quotidià per a la immensa majoria de nosaltres són els noms de les lletres en llengües com ara l'hebreu. Potser fins ara no heu sentit la necessitat d'aprendre aquest vocabulari, però no menyspreeu la seva utilitat, ni que sigui per guanyar punts a l'Scrabble i al Paraulògic! Els amics pensaran que us ho inventeu, però vosaltres sabeu que teniu raó, i el diccionari us la donarà sense problemes.

Preneu-ne nota:

L'alefat o alfabet hebreu i arameu té aquestes lletres (entre parèntesis, les de l'alfabet hebreu): àlef (א), bet (ב), guímel (ג), dàlet (ד), he (ה), vau (ו), zain (ז), het (ח), tet (ט), iod (י), caf (כ), làmed (ל), mem (מ), nun (נ), sàmec (ס), ain (ע), pe (פ), tsade (צ), cof (ק), reix (ר), xin (ש), tau (ת).

S C

J **R** O

T A

275 paraules, 2 tutis

Els tutis

Si ho feu amb valentia i hi poseu una mica de cor trobareu fàcilment els dos tutis.

C _ _ _ _ _ _ S

C _ _ _ _ _ _ _ A

L'última lletra ho canvia tot.

Immediatament. → _ R _

Es tensa i dispara. → _ R _

Habilitat. → _ R _

En aquestes paraules l'amor s'hi posa.

R _ _ A

R _ _ _ R

R _ _ _ _ _ _ A

R _ _ _ T

De paraules corcades n'hi ha cinc.

Troba'n quatre si no pots trobar-les totes.

C__________

C__________

C__________

C__________

25

Eina amb mànec del pintor de parets professional o ocasional que permet fer més via que amb la brotxa o el pinzell.

C_ _ _ _

A la Ciutat Vella de Barcelona es conserven almenys tres d'aquestes escultures de pedra que representen un cap i que estan situades en cantonades. Es van construir al segle XVII, després de la Guerra dels Segadors, per indicar on hi havia una casa de barrets. [singular]

C_ _ _ _ _ _A

Arrel comestible a la manera de la Catalunya del Nord.

C_ _ _ _ _ _

Persona que defensa una societat més justa basada en la llibertat individual, el suport mutu, el benestar social i la solidaritat, i està en contra de l'autoritat. Té tanta tradició a casa nostra com el pa amb tomàquet.

À_ _A_ _

Sonen igual (en oriental) però no tenen res a veure. Una és un motiu, el convenciment d'una cosa certa, i l'altre és un objecte esmolat que talla.

_ _Ó

_ _ _R

Si sents aquest soroll és que la trencadissa és important i no ho arreglaràs amb una mica de pega.

C _ _ _ _ _ _ C

Extrem de la barra de pa tan desitjat que sovint no arriba a casa.

_ _ _ _ _ _

Barreta energètica d'estil tradicional i mida XL que acostuma a arribar a taula acompanyada de neules i xampany.

_ _ _ _ _

L'últim d'ells i la seva família nombrosa van fer una mala fi el 17 de juliol de 1918. Creient que els anaven a fer un retrat abans de fugir del país els van assassinar a tots, a més d'alguns treballadors de confiança com una minyona o un metge, i el gos del nen.

_ _ _ _

A vegades l'extrem d'una màniga de camisa vella es mig forada, com si l'hagués rosegat alguna bestioleta.

R _ _ _ T

La frase feta

En lloc de fer-me la _ _ _ _ A dient com en soc de bona em podries regalar un pernil, que no farà que et millori la nota però em faria més il·lusió...

La paraula difícil

És una paraula d'origen caló que significa 'vent fred': abriga't, que fa un T _ _ _ !

!!

Darrerament s'ha popularitzat una paraula que es refereix a la solidaritat i la germanor entre dones. La que surt al rusc s'hi assembla, però no és precisament una cosa desitjable: defineix la tradició d'obligar la germana d'una dona que ha mort a casar-se amb el seu cunyat vidu.

S _ _ O _ _ _

Deia Estellés a la seva oda eroticogastronòmica al pebrot escalivat: «M'agrada molt el pimentó _ _ _ R _ _ / més no massa _ _ _ _ _ _ , que el desgracia / sinó amb aquella carn mollar que té / en llevar-li la crosta socarrada». [paraula repetida]

COSES DEL COR

Com que som molt poc romàntiques, diem que el cor és només un «òrgan muscular situat en la cavitat toràcica que, contraient-se rítmicament, és l'agent principal de la circulació de la sang». Molt bé, d'acord, la felicitat, la tristesa, l'amor, es troben en altres indrets del cos (el cervell, l'estómac, l'entrecuix?). Però en català tenim una colla de paraules que vinculen les emocions amb el cor que són tan boniques que val la pena oblidar els escrúpols científics i mantenir-les, incorporar-les i treure-les a la mínima ocasió. N'hi ha una que apareix en aquest rusc, i que descriu el fet de consumir-se de neguit i d'angúnia: COR_ _ _ _ _ _- SE. Aquesta, i d'altres com **corprendre**, **corsecar**, **corglaçar** o la meravellosa **corfondre's**, emocionen només de sentir-les.

170 paraules, 11 tutis

El tuti

Dues maneres gairebé iguals d'anomenar una eina per a l'hort i el jardí per arreplegar fulles seques o aplanar la terra fangada.

R _ _ _ _ _ L o

R _ _ _ _

______

______

______

______

Paraules que tenen mal començament. Si de les sis en trobes cinc o fins i tot quatre serà tot un èxit (una, segurament una de les més difícils del llibre, és un dels dos palíndroms més llargs en català; l'altre és **pipiripip**).

AR

Verbs de la primera conjugació (acabats en **-AR**).

Troba'n cinc de vuit.

A______

A______

A______

A______

A______

Les mateixes lletres a diferent llocs.

En cap moment. → _ _ _

Meva, a l'antiga. → _ _ _

L'arxivador de les tres claus de Tortosa, el de set claus d'Andorra, el de sis claus de l'Aran o el de cinc claus de Lleida eren mobles que tenien diversos panys. Vaja, que eren un _ R _ _ _ _ de seguretat per guardar-hi documents importants.

Si mai aneu als cais de Florida, allà on els Estats Units gairebé toquen Cuba, no deixeu de tastar aquest pastís típic, fet amb una fruita que aquí només acostumem a fer servir per fer còctels refrescants.

_ _ _ _ _

Hi ha sistemes i materials molt sofisticats per fer-ho, però per sortir del pas sempre pots folrar les parets d'oueres, com han fet tants grups musicals.

A _ _ _ _ _

La podem trobar a la boca d'un fumador, a la d'un nadó o fins i tot dins d'un motor.

→ _ _ _ _

La llarga lluita del moviment pacifista va aconseguir que desaparegués la _ _ _ _ . Gràcies a això, aquesta paraula i les batalletes dels que la van haver de fer ja són una cosa del passat.

★★ Rapinyaire amb la cua forcada que sembla italià.

_ I _ _

★★★ Quan una dona està a punt de parir se li desitja «una hora curta», però tothom sap que si és P _ _ _ _ _ _ _ A té molts números perquè la cosa s'allargui força.

★★ Si els vostres Pastorets de capçalera són els de Folch i Torres, segur que sabreu de qui parlem: «Jo sóc la _ _ _ , i mon poder sobre l'home no té igual; la _ _ _ l'arma del punyal, i a matar fa trobar plaer». [paraula repetida]

★ Qui ha anat a collir _ _ _ _ alguna vegada segurament sabrà que de veremar també se'n pot dir _ _ _ _ _ _ .

★★★ Aquesta cançó, que normalment es canta amb el puny alçat, en la versió catalana porta la lletra que el valencià Maximilià Thous li va fer el 1937. A la primera frase els anima a alçar-se. [singular]

_ _ _ I _

★★ Tutankamon va morir a causa d'aquesta malaltia, que encara avui provoca la mort de vora mig milió de persones cada any, majoritàriament a l'Àfrica.

_ _ _ _ I _

La paraula difícil

Esquerda estreta i fonda entre la glacera i la roca del circ glacial.

!! R _ _ _ _ A

Ventall rodó amb mànec d'estil oriental i un guionet que el separa.

_ _ _ - _ _ _

La tardor del 2022 els Castellers de Vilafranca van fer el que semblava impossible: van carregar un pilar de nou per primer cop a la història. Amb folre, manilles i puntals.

_ _ _ _ _

ARRELS OCCITANES

La casa **pairal** és on té les arrels una família. I *pairal* prové de *paire*, la forma occitana de dir «pare». Que potser els nostres avantpassats eren occitans? Bé, en alguns casos sí, a causa del gran moviment migratori dels segles XVI i XVIII d'occitans cap a Catalunya. Però la relació entre els dos pobles veïns va molt més enllà. Totes dues llengües tenen una gran proximitat i l'occità, ara en una situació tan precària (el parla només el 4% dels habitants del seu territori), va tenir una gran influència gràcies a l'esplendor que li va aportar la lírica trobadoresca durant l'Edat Mitjana. De fet, les similituds entre l'occità i el català van fer que en alguns moments es considerés que eren una sola llengua, anomenada provençal. A partir del segle XVI també es va fer servir (impròpiament) *llemosí*, el nom d'un dels dialectes occitans, per anomenar el català.

Són dues llengües germanes que continuen empeltades l'una de l'altra. I ens ho recorden paraules tan habituals com cloïssa, eina, gripau, joia, potinga, rondinar o tanoca, entre moltes altres.

27

121 paraules, 5 tutis

Dos tutis

L' Espinàs sempre escrivia amb una màquina Olivetti. Diuen que un cop s'hi posava ja no parava fins a tenir la feina feta (encara que dues lletres se li poguessin E _ _ _ _ _ _ _ _ R / E _ _ _ _ _ _ _ _ R de tant en tant). Dues paraules que només canvien una lletra i que tenen el mateix significat.

Troba'n almenys tres de cinc.

Acaben amb **ELL**.

_______ELL

_______ELL

_______ELL

Tros de tela i la seva família.

V _ _

V _ _ _

V _ _ _ _

V _ _ _ _

V _ _ _ _ _

«...és cosa sana», deia l'eslògan nascut a Reus als anys seixanta. En aquesta llista tenim el fruit i derivats.

A _ _ _ _ _ _ _

_ _ _ _ _ _ _ _ R

_ _ _ _ _ _ _ _ R

_ _ _ _ _ _ _ _ _ _ R

Molière en va descriure un de molt mesquí en una de les seves obres més conegudes.

_ _ A _

Als espeleòlegs els agrada baixar a un A _ _ _ C, però ves que si baixen més del compte no arribin a l' A _ _ _ N i es trobin amb les calderes d'en Pere Botero!

La Catrina és un dels personatges més populars de Mèxic. Creada fa més de cent anys com a crítica social, el pintor Diego Rivera li va donar el nom actual. Avui aquesta _ _ _ _ _ E _ _ es troba, entre altres formats, com a figura de sucre decorada.

Aquesta paraula, que vol dir 'truja', té almenys dos significats populars més: un que surt al diccionari, que vol dir contrabaix, i un que no hi surt i que descriu la fitxa del doble sis que enceta el joc del dòmino.

_ _ _ _ A

És curiós d'observar com hi ha persones que quan els posen un micro de televisió al davant el cos se'ls comença a E _ _ _ _ _ _ _ R com si els estiguessin a punt de passar revista i els surten paraules formals que no havien dit mai de la vida.

«Disset anys?! Però si encara deuen prendre el biberó!», diuen que va exclamar Frederica Montseny. I així va quedar batejada aquella _ L _ _ _ .

A Agres, Castellterçol o el Puig des Teix va funcionar el laboriós i antiquíssim negoci del gel fins que al final del segle XIX no es va inventar una màquina que en fabricava. La _ _ _ _ _ A no es va popularitzar fins als anys seixanta.

Dos gentilicis femenins de les comarques de la Catalunya Nova.

C _ N _ _ _ _ _

V _ L _ _ _ _ _

Des del 1952 al port de Barcelona es podia visitar la suposada rèplica d'una _ A _ _ _ _ _ · _ _ de l'expedició de Colom a Amèrica. No tenia cap valor històric i el 1991 es va retirar després de dos incendis provocats per Terra Lliure.

La frase feta

Si no t'interessa gens pots dir que t'importa un _ _ _ _ .

La paraula difícil

Quan fas una partida i perds, pots demanar la revenja. Amb una mica de sort, o més traça que el primer cop, podràs R _ _ _ _ _ _ _ R .

Aquest mamífer marí va donar lloc al mite dels unicorns. Fins el 1950 al Japó es venia la seva banya (que en realitat és un ullal) com a remei contra totes les metzines.

_ _ _ _ A _

Cova o gran cavitat natural en la roca on es pot trobar algun os hivernant i també algun mitjà de comunicació ben instal·lat.

_ _ _ _ _ _ _

OFICIS MISTERIOSOS

Què és un **clavari**? L'aprenent de fuster que s'encarrega de clavar claus? Algú que toca el clavicèmbal? Doncs no: és la manera preborbònica d'anomenar la persona que tenia el càrrec de tresorer de l'administració municipal, gremial o baronial al Principat. A les Illes Balears i al País Valencià era el cap d'un gremi o confraria. Al diccionari hi trobem molts noms d'oficis que ja no existeixen. Alguns exemples: una **abaixadora** era una persona que «abaixava els draps», és a dir: que igualava el pèl que sobresortia dels draps de llana amb unes estisores especials, sense punta; els **agullers** eren els encarregats de fer agulles i hams i altres estris de pesca; els **batifullers** es dedicaven a fer panys d'or, plata o altres metalls a cops de martell; els **aladrers** fabricaven aladres (arades) i els **bataners** enfeltraven teixits.

243 paraules, 6 tutis

Tuti

Es diu que va ser el metge medieval Arnau de Vilanova qui va introduir a Occident aquesta tècnica, que ja aplicaven els xinesos a l'arròs almenys des del segle IX aC. La motivació de Vilanova era medicinal, però n'és molt més coneguda la vessant diguem-ne lúdica.

D _ _ _ _ _·_ _ R

Troba'n tres si no pots trobar-les totes sis.

Paraules amb el sufix **-ISTA**. Dos són tutis!

____

____

____

Paraules que venen dels **astres**.

E _ _ _ L

E _ _ _ _ A

E _ _ _ _ _ _ A

E _ _ _ _ _ T

Tres paraules en què només canvia la vocal.

Aquesta o aquella cosa. → T _ _

Capa finíssima. → T _ _

Restes de roca al final d'una glacera. → T _ _

Sistema per transportar esquiadors muntanya amunt amb un nom que més aviat sembla pensat per als qui els agrada muntar a cavall.

T_ _ _ _ _ _ _ _A

Abans que Gaudí s'empesqués el trencadís es donava per fet que si volies decorar una superfície amb peces de mosaic serien de formes regulars i no trencades de qualsevol manera. D'una peça d'aquestes en diem T_ _ _ _ _ _ _A.

A l'antiga Grècia creien que Prometeu va crear els primers humans modelant-los amb fang. Al Gènesi de la Bíblia s'hi explica una cosa semblant: Déu va crear l'home amb pols de la terra. Per donar vida a les figures, la història també és la mateixa: Atena i Jahvè els van insuflar A_ _.

Aquest bosc és una joia per a les persones que pateixen de nervis.

T_ _ _ _ _A

La frase feta

A la taula i al _ _ _ _,
al primer crit.

Per fer un bon rostit de vedella és recomanable utilitzar la _ _ _ _ A, que és la carn de l'espatlla. Amb un sofregit, uns rovellons i una bona picada us quedarà magnífic.

Quan està de deu centímetres, ja està a punt perquè surti la criatura.

D _ _ _ _ _ _ A

Groga o blava, la veiem en incomptables balcons i finestres de Catalunya.

E _ _ _ _ _ _ _

Cafè amb un núvol de llet que és un palíndrom.

_ _ _ _ _ _

Viu en llocs amagats, és cosí del poll però li diuen cabra. O, de manera més coneguda, L _ _ _ _ _ _ _ A.

La _ _ _ _ _ _ d'un industrial alemany va salvar mil dos-cents jueus d'una mort gairebé segura.

La paraula difícil

Paraula d'origen àrab que descriu una persona que coneixia bé la terra i feia de guia dels exèrcits, com el dels almogàvers.

A _ _ L _ _

!!

Aquesta S _ _ _ _ que tant pot acompanyar un plat de conill com un tros de lluç és gustosa, però no deixa que te n'oblidis en tot el dia.

A _ _ _ _ A

En alguns pobles que tenen penya-segats s'expliquen llegendes dramàtiques sobre algú, normalment una dona, que hi va trobar la mort empesa o per voluntat pròpia. Reines, minyones i donzelles tenen el seu S _ _ _ .

TOT EL QUE LI POT PASSAR A UN ALLIOLI

L'hem vist en menús i envasos comercials escrit de totes les maneres possibles: aioli, alioli, aïoli... però no ens escandalitzarem per tan poca cosa; algunes d'aquestes formes es fan servir de manera col·loquial, i és també com ho escriuen en altres llengües (anglès, castellà i francès, respectivament). En català normatiu la forma correcta és **allioli**, i la manera ortodoxa de fer-lo és posar alls en un morter i anar-hi afegint oli a poc a poc mentre anem lligant la barreja amb una mà de morter. És un acte que té alguna cosa de transcendent, i els que s'hi atreveixen saben que en qualsevol moment es pot espatllar l'invent. Si passa això, diem que es **nega**, es **tria** o es **destria** (es pot intentar resoldre amb un trosset de pa o unes gotes de llimona).

131 paraules, 4 tutis

Tuti que fa venir son. → _ _ _ _ _ _ _ _ _

RE

Paraules que comencen per **RE**.

Troba'n almenys quatre de set.

RE__________

RE__________

RE__________

RE__________

Troba'n tres de sis.

Aquestes paraules són **PRO**.

PRO________

PRO________

PRO________

Es pronuncien igual, però no s'escriuen igual ni volen dir el mateix.

Llengua que es parla als Països Baixos. → _ _ _ _ Ó

Impaciència. → _ _ _ _ OR

Un accent ho canvia tot

Sense accent és un parent de l'all i de la ceba, i amb accent, un recipient de vidre que demana una certa traça a l'hora de fer-lo servir.

_ O _ _ _

_ O _ _ _

El que et fas quan arribes a casa a la matinada i notes que tens un budell buit perquè ja fa molta estona que has sopat.

_ _ S _ _ _ _

Té vuit braços, una boca que sembla de lloro i li bateguen tres cors. Sembla un monstre imaginari, però és ben real.

_ _ _

Cada 23 d'abril queda ben esflorat.

R _ _ _ _

29

Unes de les expressions clàssiques de la R _ _ _ _ _ _ _ _ _ és tancar l'oposició política a la P _ _ _ _ i fer P _ _ _ _ _ _ _ sobre els mitjans de comunicació per evitar que informin amb llibertat.

Aquest mamífer tranquil, solitari i mandrós viu sempre enfilat als arbres. No té capacitat de caminar per terra i per això hi baixa poques vegades. Gairebé no hi sent, però té un olfacte finíssim.

_ _ _ E _ _ _

El 404 s'ha fet molt famós, però n'hi ha de tota mena dins i fora de les pantalles.

_ _ _ O _

Al monestir de Poblet s'hi enterraven els reis catalans, però després de molts anys d'abandonament i saquejos hi va quedar un embolic O _ _ _ que déu-n'hi-do. Encara avui no se sap exactament de qui són moltes de les restes que s'hi han conservat.

En aquest rusc hi surt un adjectiu que vol dir 'fastigós' i que costarà poc d'endevinar als mallorquins i potser una mica als que no ho són, que solen fer servir altres maneres d'expressar l'angúnia.

_ _ Ó _

La paraula difícil

Que és laboriós, que costa de fer (i malgrat el que pot semblar, no parlem necessàriament de cirurgia).

O _ _ _ _ S

!!

L' E _ _ _ _ _ _ _ R en la xocolata desfeta és una qualitat molt valorada. En canvi, en una conferència pot ser el pitjor malson.

Un estudi de les universitats de Stanford i de Califòrnia afirma que al llarg de la vida en fem uns sis cents milions de mitjana, encara que normalment no ens n'adonem. Es relaciona amb l'enamorament, la pena o la frustració, però sobretot en fem per oxigenar el cos de manera efectiva.

_ _ _ _ _ R

JUGUEM A MÈRVELS?

Molt abans de l'esclat del turisme, Menorca va conviure amb població anglòfona: primer amb els britànics, que van dominar l'illa al segle XVIII, i ja al segle XIX quan els Estats Units van establir a Maó la seva primera base naval fora del seu país, durant trenta anys. Això va fer que la parla dels menorquins acabés incorporant paraules en anglès, encara que catalanitzades, com els *mèrvels* (o *mèrvils*, o *mèrvols*), que no és altra cosa que els *marbles*, és a dir, les bales de jugar. Ara aquest patrimoni lingüístic popular s'està perdent, i per això us en deixem un tastet per si us el voleu fer vostre: *boi* (noi, de *boy*), *xoc* (guix, de *chalk*), *xumurgo* (desordre, de *soon moon go*), *bred* (clau o tatxa, de *brad*) o *tornescrú* (tornavís, de *turnskrew*). En canvi, la coneguda *bòtil* o el *coc* sembla que no venen de l'anglès. Vegeu-ne més a ipcime.cat.

U A

R **E** G

M J

125 paraules, 4 tutis

El tuti

A vegades l'albergínia pot A _ _ _ _ _ _ _ _ R .
Una manera de corregir-ho és tallar-la a rodanxes, posar-hi sal i esperar mitja hora abans de coure-la.

El nom de dues lletres.

_ _ _

_ _ _ _

Comencen per **MAR**.

Troba'n cinc de nou.

MAR______

MAR______

MAR______

MAR______

MAR______

Paraules amb una acidesa desagradable.

A _ _ E

A _ _ _ _ _ R

Com saben bé els aficionats al futbol, la petita està a 5,5 metres de distància de cada pal, i la gran a 16,5 metres.

_ _ _ _

Al contrari que els gossos, si un gat remena la cua vol dir que està molt enfadat. El seu _ _ R _ _ _ _ _ irritat serà la prova definitiva que val més deixar-hi una distància prudent fins que no es calmi una mica.

A les xarxes, quan algú surt d'un grup per error (o això diu) se'l pot tornar a incorporar, o com en dirien els més joves, RE _ _ _ _ _ _ _ R.

Diu la llegenda que on avui hi ha les restes de l'antic santuari de Sant Joan de l' _ _ _, al Pallars Sobirà, s'hi va guardar un temps el Sant Greal. Malgrat el que podria fer pensar el nom, avui dia és un lloc molt boscós i especialment concorregut a l'hivern.

Pot ser un mineral (com el robí, la maragda, l'àgata...) o un element orgànic petrificat com l'ambre, tallat i polit per ser utilitzat com a element de joieria.

_ _ _ _ _

Si és una illa G _ _ _ _, és probable que es trobi a la mar _ G _ _.

30

N'hi ha una de peluda que sempre va en processó i que és una plaga.

E _ _ _ _

Quan hi ha sequera, als jardins particulars se'ls acostuma a restringir aquesta acció.

_ _ _ _ _

El 2 de juliol de 1429 a Guadalajara la reina Maria de Castella va plantar una tenda on estaven a punt d'enfrontar-se les tropes castellanes del seu germà, el rei Joan II, i les catalanoaragoneses del marit, el rei Alfons V. Les seves negociacions van aturar la _ _ _ _ _ _ _, almenys aquell dia.

A les platges de la Mediterrània és gairebé imperceptible, però en algunes de la Bretanya pot arribar als tretze metres.

_ _ _ _ _

Una altra manera de dir que algú està molt prim.

_ _ _ R _

La paraula difícil

Aquesta paraula, amb ressons de carnaval, defineix una filera llarga d'elements, com persones o cotxes.

R _ _ R _

!!

Moltes dones han viscut aquesta experiència tan desagradable algun cop a la vida: que mentre eren al metro, en un concert o a qualsevol lloc ple de gent, algú aprofités l'ocasió per _ A _ _ _ _ _ R el cos.

El 1932 el govern australià va declarar la guerra a un animal clau per als aborígens: l' E _ _. Els agricultors d'origen europeu es van queixar que devastaven les terres que intentaven conrear, i hi van enviar l'exèrcit. Tres mil dels vint mil exemplars van ser exterminats.

SÍ, PERÒ NO DEL TOT

El tuti que hem destacat n'és només una mostra, però hi ha altres paraules en aquest rusc que tenen el mateix sufix *-ejar*, que aporta un matís a un verb o a un estat. No és ben bé el mateix dolcejar que ser dolç, sordejar que ser sord, ni joguinejar que jugar. Aquest *ejar* implica una tendència, una cosa insinuada o encara no feta del tot.
Altres paraules d'aquesta mena que trobem al rusc són GE _ _ _ _EJAR (fer sons de plany), MU _ _ _ _ EJAR (parlar en veu baixa) o RU _ _ _ _EJAR (escampar rumors).

220 paraules, 9 tutis

El tuti
Hi ha 400.000 espècies diferents d'aquesta bestiola. Existeix des de fa dos-cents vuitanta milions d'anys i els científics asseguren que és gairebé impossible que s'extingeixi.

_ _ _ _ _ _ _ _

De paraules **barbudes** n'hi ha vuit.

Troba'n quatre.

B ____________

B ____________

B ____________

B ____________

Troba'n almenys quatre de vuit.

Paraules que deriven d'una **fruita de tardor**.

Atenció! La paraula que designa aquesta fruita es pot escriure (i pronunciar) de dues maneres!

C ____________

C ____________

C ____________

C ____________

Troba'n tres de sis.

Verbs de la primera conjugació començats per **A**.

A__________AR

A__________AR

A__________AR

En la pel·lícula mítica que porta aquest nom, Liza Minelli canta a la llibertat i a les ganes de viure mentre el nazisme comença a mostrar-se desacomplexadament a Berlín.

_ _ _ A _ _ _

Quan es tornen a posar de moda les barbes i els hipsters se les retallen, n'apareix un a cada cantonada de les grans ciutats.

_ _ _ _ _ _

Aquesta esdrúixola et semblarà extraordinària.

B _ _ _ _ _ A

Hi ha dies assenyalats en què les notícies ens donen la mateixa _ A _ _ _ _ _ cada any: per Reis, quants tortells s'han venut; per Sant Jordi, quants llibres i quantes roses; al principi de curs, quantes escoles han tingut problemes per obrir, i que hi ha nens petits que ploren i altres de sisè que s'abracen contents. I com aquestes, moltes més.

Abans del 23-F del 1980, a l'Estat espanyol se sentia aquest soroll d'una hora lluny, i després la Trinca en va fer una cançó que es va fer molt famosa.

_ A _ _ _

31

★ Petó afectuós, petit, dolç i molt comú en valencià.

_ _ _ _ _

★★ «Fer-ne volia una rosada _ _ _ _ _ A ,
per dir "preneu-ne" a mos amics del món,
"preneu-ne un rajolí d'eixa mel fresca
de l'alt verger on mes delícies són".»
Preludi de Jacint Verdaguer, cantada per
Roger Mas al disc *Cançons tel·lúriques.*

★★ Eines pre-tecnològiques per ensenyar a comptar i a llegir a la canalla.

À _ _ _

A _ _ _ _

★★ Les paraules _ _ _ _ A _ i _ _ _ _ _ _ _ , que només es diferencien per les vocals, provenen del mateix mot grec que es refereix als estrangers. Més tard, una va acabar significant 'mal educat, salvatge' i l'altra, denominant pejorativament una població no _ _ A _ del nord d'Àfrica (ells s'estimen més anomenar-se «persones lliures»).

★★★ El joc de la _ _ _ A és antiquíssim, segurament perquè l'únic material que feia falta era un parell d'astràgals –ossos petits del taló– d'un xai o una ovella. Com si fos un dau irregular, es llançava i la cara on queia decidia la sort dels jugadors.

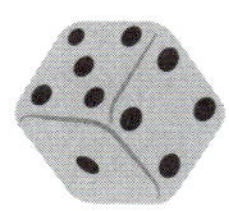

La paraula difícil

Sona com el nom d'un conegut club de futbol, però no s'escriu ben bé igual, i significa 'esbarzer'.

_ A _ _ _

Remugant sense banyes que suporta l'equipatge que va sobre el cotxe.

_ _ _ A

Per explicar que cal tenir empatia, en català parlem de posar-nos a la pell de l'altre, els italians diuen que cal posar-se la seva roba, i els anglosaxons, un altre element. [singular]

_ A _ _ _ _

BARBES PRECISES

Diu la cançó infantil: «Els qui tripulen la nau pirata han de ser homes ben barbuts. Pere, Pau i Celestí tots porten barba. Tots porten barba els qui van amb mi». D'acord, aquests tres pirates eren barbuts, però com portaven la barba? En català hi ha molts adjectius per definir-la. En aquest rusc en trobem un que descriu una barba espessa: BARBA-_ _ _ _ _ _ . N'hi ha d'obvis, com barbablanc, barbabrut, barbagrís, barba-roig o barba-ros, però n'hi ha que ho són menys, com barbacàrritx (que és dura), barbaflorit (que és blanca), barbagelat (que és mig blanca) o barbapunyent (que comença a posar barba). Després, és clar, hi ha els que no en tenen perquè són barbamecs i no els en surt o barbafrescos perquè se l'acaben d'afaitar.

103 paraules, 3 tutis

Tuti net poc habitual a les nostres terres. De fet és d'importació, i en forma femenina.

_ _ Ó _ _ _ _

Troba'n quatre de sis.

Paraules que encaixen.

____

____

____

____

Quatre paraules que només canvien la vocal.

Soroll de topada. → X _ _

Taló bancari. → X _ _

Menut. → X _ _

Impressió forta. → X _ _

Quatre persones de tres llocs diferents.

Un nord-americà del lloc on es van inventar els pantalons més famosos. → _ _ _ À

Un home i una dona d'una república de l'Europa central nascuda el 1993. → _ _ _ C, _ _ _ _ A

Aquest és d'una república federal de Rússia situada al nord del Caucas. → _ _ _ _ _ È

★★ El jugador de pòquer més murri s'emporta la mà quan augmenta l'aposta dels seus contrincants sense tenir un bon joc. Els ha fet una bona _ _ T _ _ i li ha funcionat.

★ Paraula amb el ritme incorporat i sincopat a base de la repetició de tres lletres separades amb guionets. És un ball d'origen cubà dels anys cinquanta que combina ritmes de la rumba i del mambo.

_ _ _ - _ _ _ - _ _ _

★★ El pixallits, que és una flor que té grans propietats diürètiques, rep aquest altre nom al Pirineu.

_ _ _ _ I _

★★ L'últim os de la columna vertebral que es considera que és el vestigi d'una cua que tenien els nostres avantpassats fa vint milions d'anys. El nom li ve del grec per la semblança amb la forma del bec del cucut.

_ _ _ C _ _

★★ Aquest rapinyaire pobla les nits d'estiu amb el seu so repetitiu i planyívol. Té els ulls grocs, unes plomes que semblen orelles punxegudes i uns colors que li permeten camuflar-se amb els troncs dels arbres, on viu normalment dins d'un forat.

_ _ T

★★★ Tipus de blat tou –més digestiu i nutritiu que el blat comú– que dona nom a un personatge secundari de *Terra baixa*, d'Àngel Guimerà.

_ E _ _ _

★★ D'una persona que no és gaire espavilada podem dir que és _ _ _ _ A o, amb una lletra diferent, _ _ _ _ A .

★★ Si ara mateix teniu gana deixeu aquest joc per a més tard, que us farà venir salivera. Part inferior del cap del bacallà o del lluç amb què els bascos preparen unes receptes delicioses i normalment serveixen en cassoles de fang.

_ _ _ O _ _ _

★ Als països àrabs és un cap, un home amb autoritat, i a l'Ebre una salutació molt popular (que incomprensiblement encara no recull el DIEC).

_ _ I _

★★ **La frase feta**

Falten quatre dies per a la selectivitat i vaig molt C _ _ _ A de filosofia. Ho tinc magre per aprovar!

!!

La paraula difícil

Sona com un insult («tros de...!») però en realitat és un d'aquells claus grossos amb la cabota daurada o platejada que es fan servir per entapissar mobles o per a maletes i baguls.

T _ _ _ _ T

El seu color és un dels distintius de les ciutats on es mouen. A Londres són negres, a Nova York grocs, i a Barcelona, grocs i negres. [singular]

_ _ _ _

La seva clau és la més buscada, i encara que sovint els periodistes ho demanen a gent famosa o que ha aconseguit fer alguna cosa remarcable, encara no s'ha trobat.

_ _ I _

PORCADES (I)

Segons l'Idescat, el 2021 hi havia vuit milions de porcs a Catalunya, més que no pas persones. Amb aquestes xifres ja es veu que la seva importància no pot ser només econòmica, i que ha deixat empremta en la cultura popular i en la llengua. La paraula ***porc*** n'és la denominació principal, com si diguéssim el genèric, però hi ha moltes més maneres d'anomenar-lo segons el lloc o les característiques de l'animal.

En aquest rusc hi trobem C _ _ X , que és com en diuen en algunes bandes (també fan servir el mot per cridar-los o aviar-los). Però n'hi ha molts altres, com ara **bacó**, **verro** (mascle destinat a cobrir les femelles), **truja** (la femella) o les múltiples maneres de designar els porcs petits: **garrí**, **gorrí**, **godí**, **lletó**, **godall**, **nodrís**, **porcell**, **marrinxó** o **marranxó**, verratell... I segur que n'hi ha un grapat més!

33

U P
I **T** R
S O

152 paraules, 5 tutis

Un tuti...
Aquest s'administra pel recte.

____

... i un altre
I aquest altre és un model que podria ser millorable.

____

ÓS

Troba'n almenys dos de sis.

Acaben amb **-ós**.

________ÓS

________ÓS

Paraules que tenen **SORT** (no totes afortunades).

SORT _ _

SORT _ _

SORT _ _

Gall dindi i nom d'un cantant berguedà que brama.

_ _ T _ _

Aquesta paraula denomina un teixit afrancesat fet de seda i metalls preciosos, amb dibuixos, destinat generalment a ornaments d'església. Però ens és molt més familiar pel fet de sortir sovint als paquets de mocadors de paper escrits en anglès o francès.

_ _ S _ _

Just després del confinament per la pandèmia de la covid-19, _ O _ _ _ _ es va convertir en una cosa molt mal vista. Encara que ho féssim perquè ens havíem ennuegat o perquè teníem un simple refredat, ens vèiem obligats a donar explicacions per tranquil·litzar la gent.

La frase feta

Deixa de beure vi perquè si no acabaràs anant de _ _ _ _!

El *Calotriton arnoldi* és l'única espècie vertebrada endèmica de Catalunya. Aquest _ R _ _ _ viu a la conca de la Tordera i està en perill d'extinció. Si mai en veieu un, us podeu sentir ben afortunats!

★★ Enrossiu a una paella amb oli la carn o el pollastre salpebrats i a trossos. Afegiu-hi una ceba, una cabeça d'alls, un tomàquet, un canó de canyella i una fulla de llorer. Regueu-ho amb vi ranci i quan s'hagi evaporat l'alcohol hi tireu brou o aigua, abaixeu el foc i deixeu que faci xup-xup al voltant d'una hora. Ja teniu fet el _ _ _ T _ _.

★★★ Quan t'has fet un esquinç al turmell i el portes enguixat unes quantes setmanes, després notes una T _ _ _ _ R a l'hora de caminar que només es pot resoldre amb temps i paciència.

★★ Cada Cap d'Any la mateixa història: sembla com si amb les campanades canviés tot, igual que al conte de la Ventafocs però en P _ _ _ _ _ U, i n'hi hagués prou a fer-se un bon P _ _ _ _ _ _ T perquè es complís.

★★ Els enòlegs no estan d'acord en si val la pena decantar els vins, perquè si bé així es pot evitar que el _ _ _ I _ que hi pugui haver a l'ampolla passi a la copa, també és cert que afecta algunes característiques del vi.

★ Aquesta inflamació, força freqüent en els nadons, provoca un dolor punxant a les orelles bastant difícil de suportar.

_ _ _ _ _ _

33

La paraula difícil

Si us claveu un cop fort al cap podeu dir que us heu fet un T _ _ _ _ _ _ O , paraula que ve de *testa*. I ho digueu com ho digueu ja podeu comptar que després us sortirà un nyanyo.

El 1901 el crític d'art i escriptor Raimon Casellas va publicar el que es considera la primera novel·la moderna catalana naturalista: *Els _ _ _ _ feréstecs*. De seguida el van seguir Caterina Albert (Víctor Català), Joaquim Ruyra i Prudenci Bertrana.

Olla amb una sola nansa. Amb el mateix nom es coneix un formatge pirinenc fort i picant fet a base de llet de vaca o ovella i algun licor que s'elabora amb aquest utensili.

_ U _ _

PORCADES (II)

Els porcs tenen mala fama. Tot i que «del porc tot s'aprofita» i és evident que és un animal molt valorat, almenys gastronòmicament, fem servir el seu nom com a insult. Ser un porc o una porca, un verro, una truja... pot voler dir que som bruts, o males persones, o persones menyspreables. Una habitació desendreçada i sense netejar la qualifiquem de *cort de porcs*, quan embrutem també es pot dir que *emporquem*. Insultar algú o dir-l'hi molt grossa és *dir-li el nom del porc*. Quan volem fer notar a algú que està actuant d'una manera que no li correspon, diem «de porc i de senyor se n'ha de venir de mena» o, dit amb un altre to, «qui mana a can Ribot, l'amo o el porc?». I *fer porcades* és un sinònim desaprovador de l'activitat sexual.

T A

O **N** R

B C

251 paraules, 11 tutis

Dues pràctiques clandestines que es van estendre durant la postguerra eren l'estraperlo, que es feia internament, i el comerç il·legal que passava –i encara passa– fronteres, el __________.

Trobeu-ne tres de quatre.

Dels que fan soroll en respirar quan dormen.

RO__________

RO__________

RO__________

Les paraules a la **CONTRA** són setze i quatre són tutis.

Si en trobeu vuit ja estarà molt bé.

____

____

____

____

____

____

____

____

Acaben en **-ANA** i només canvia una lletra cada vegada.

___ANA (Per no caure daltabaix)

___ANA (Cosina del plàtan)

___ANA (Mena de calamar)

___ANA (Caseta de camp senzilla)

34

Un palíndrom de només tres lletres que desfila a moltes festes populars, també anomenat cabut, capgròs, caparrot, cabeçut...

_ _ _

Hi ha la de la farina, la de la roba, la del tabac, la de les catifes... Un maldecap si s'instal·la a casa en qualsevol de les seves versions.

_ _ _ A

Peça de vestir que sol ser impermeable i que resguarda molt del vent i del fred. Originària de les poblacions inuit, es feia amb pells de ren o de foca i ara amb materials sintètics cada cop més lleugers.

_ _ O _ _ _

«Ni l'ànec és soca
que sembli una lloca
ni l'oca és tan oca
que arribi a T _ _ _ _ _»,
fan uns versos de Miquel Desclot.

La modernor en alguns pobles ha convertit l'edicte diari (que primer feia de viva veu el nunci i després a través d'altaveus instal·lats als carrers) en un _ _ N electrònic que arriba per *WhatsApp* a tot el veïnat.

La frase feta

Al carrer de la Riereta de Barcelona hi havia una fàbrica de teixits més coneguda pel seu desordre que no pas pels seus productes. Li deien _ _ _ **seixanta**, i aquest malnom va esdevenir un sinònim de lloc on tothom fa el que vol i no hi ha cap mena d'organització.

La reina ha mort i la _ _ _ _ _ _ ha canviat de cap. El seu fill, un home gran i esprimatxat, és el nou _ O _ _ _ _ _ després d'uns dies de llarguíssim trasllat del fèretre i del funeral. Qualsevol semblança amb la realitat és pura coincidència (o no).

La frase feta

A aquest noi no li faltaran pretendents: farà _ _ _ _ A _ i ploure!

Durant l'Edat Mitjana a França es feia servir el sistema vigesimal a més del decimal, per influència dels celtes i els vikings. Avui dia encara en queden alguns vestigis a la llengua francesa. És com si nosaltres, en lloc de dir _ _ _ _ _ _ _ _, diguéssim «quatre-vint-deu».

Abans que els automòbils comencessin a circular a finals del segle XIX als carrers de les grans ciutats, era habitual veure-hi carruatges de cavalls de dues rodes, amb coberta i seients laterals. El seu nom ha perdurat en el temps i ha esdevingut sinònim de cotxe antiquat, lent i no gaire fiable.

→ _ _ _ _ _ _

La paraula difícil

El soroll de la mar quan està remoguda, o quan hi ha una tempesta (segur que ja hi ha alguna aplicació amb aquest so per combatre l'insomni).

_ O _ _ _ _

!!

Quan no pots perdonar un greuge que t'han fet, vius amb _ _ _ _ O _ .

Un dels jocs preferits per als infants de tots els temps és fer una C _ _ _ _ _ . Idealment dalt d'un arbre, i si no es pot, un llençol entre dues cadires ja pot fer el fet.

NOMS QUE MARQUEN

Hi ha persones que porten noms d'origen religiós plens de dolor i d'angoixa; a unes altres els van posar un nom inspirat en personatges d'una sèrie de televisió o d'alguna pel·lícula de moda; hi ha pares que volen ser originals i carreguen els fills amb noms que fan de mal portar.
Però hi ha altres elements que afecten els noms de les persones.
Per exemple, el fet de posar nom als fenòmens meteorològics més greus fa que aquells que provoquen una gran devastació deixin un mal record vinculat al nom. És el cas de l'huracà Katrina, als Estats Units.
I també hi ha noms propis ben tradicionals a casa nostra que estan lligats a unes característiques concretes. Trobem al diccionari que ser un pepa vol dir no ser gaire espavilat, i també és sinònim de prostituta (anar pintada com una **pepa**); clavar un **miquel** és fer un menyspreu, un moc; ser un **pau** o una **paula** és ser algú sense malícia, que tot s'ho empassa, i ser un **bon jan** és algú de bon caràcter que diu a tot que sí.

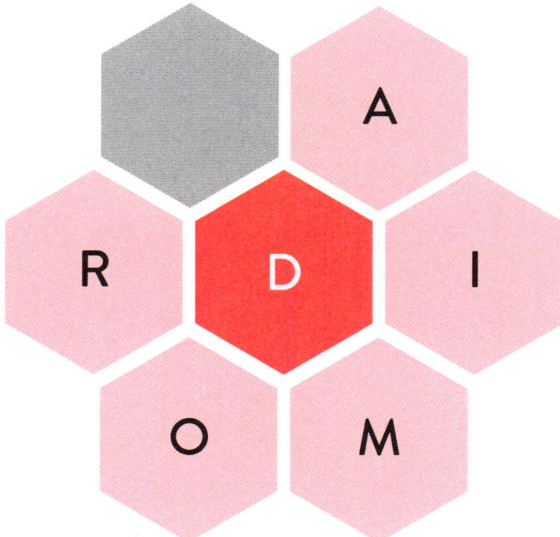

163 paraules, 19 tutis

El tuti

A Montserrat trobem moltíssimes roques que porten el nom de *miranda*, ben bé una trentena! La Miranda de la Portella, d'Agulles, dels Ossos, de la Nina, del Príncep, del Lloro... Però n'hi ha una que té bones vistes al quadrat: es diu el M _ _ _ _ _ R de la Miranda de les Boïgues.

Paraules que giren i giren.

R _ _ _

R _ _ _ _ _

R _ _ _ _ _ _

R _ _ _ _ _ _ _

R _ _ _ _

R _ _ _ _

R _ _ _

Paraules per amansir.

D _ _ _

D _ _ _ _ _ _

D _ _ _ _ _ _ _

D _ _ _ _

Tres lletres, quatre combinacions.

Disbarat mallorquí. → _ _ _

Doncs a Mallorca i a Menorca. → _ _ _

Desena lletra de l'alfabet hebreu i arameu. → _ _ _

Malvolença. → _ _ _

★ L'1 d'octubre de 1792 va sortir per primer cop al carrer. A França feia deu dies que havien proclamat la república, i els Estats Units acabaven d'adoptar el dòlar com a moneda oficial. Però el _ _ _ _ _ de Barcelona destacava que era sant Remigi, les informacions astronòmiques i meteorològiques i l'anunci de les fires d'Alforja i Bràfim aquell cap de setmana.

★★ Nikola Tesla va haver de suportar que s'endugués els beneficis de patentar el que ell havia descobert almenys tres anys abans, i fins i tot que li donessin el premi Nobel de Física l'any 1909. El Tribunal Suprem dels EUA va donar la raó a Tesla el 1943, però no en va poder fruir perquè Marconi ja s'havia endut tota la fama i sobretot perquè Tesla va morir aquell mateix any.

_ _ _ I _

★★ Per obrir solcs a la terra ho podem fer amb un tractor i també amb tracció animal, però en tots dos casos ens caldrà arrossegar una _ _ _ _ A .

★ La cervesa i el whisky són begudes sagrades per a la majoria d'irlandesos, i el pub és el seu temple. Si mai hi entreu, vigileu que no estiguin a mitja partida d'una altra afició que hi practiquen i que demana punteria. Podria aparèixer un _ _ _ _ volant per damunt dels caps.

★★★ Per Nadal és típic a molts pobles i ciutats de fer mostres i exposicions d'aquestes maquetes, que normalment mostren escenes de pessebre amb paisatges bucòlics o masies tradicionals catalanes. [singular]

D _ _ _ _ _ _

Per fer conèixer els vins de casa nostra, molts cellers organitzen tallers o jornades per aprendre a tastar-los. Un element important és trobar quin és el vi que millor escau a un menjar. I de fer aquestes combinacions en diuen _ _ _ _ _ A _ .

El rei Joan I, fill de Pere el Cerimoniós, tenia molt més interès a passar-s'ho bé i promoure la cultura que no pas a governar. Li van atribuir tres sobrenoms: un de crític, el Descurat; un de més neutre, el Caçador, i un de benevolent, l' A _ _ _ _ _ de la Gentilesa (sovint escrit a la manera antiga, amb una I després de la A inicial).

Cada any hi ha qui afirma que ja ho tenim tot fet i que Sant Jordi hauria de ser la _ _ _ _ _ de Catalunya en lloc de l'Onze de Setembre.

Amb D o sense, aquest peix semigràs (està entremig de les categories de peix blau i peix blanc) és molt habitual a la Mediterrània. Està prohibit pescar-lo quan fa menys de vint centímetres, i es cuina sovint al forn, amb patates i ceba o a la sal.

(_) _ _ A _ _

Durant aquesta època, cada dia quan es pon el sol comença una festa per a milions de persones a tot el món. Comença menjant uns dàtils i continua entre família i amics amb un àpat reparador després de moltes hores de dejuni.

R _ _ _ _ _

La paraula difícil

La _ _ _ A _ _ és una nimfa del bosc unida a un arbre concret, originàriament a un roure. Aquesta figura apareix a la mitologia grega.

!!

Al segle XVI un explorador espanyol va portar a Europa un exemplar d'aquest ocell endèmic de l'illa Maurici, molt gros i que no volava. El van anomenar D _ _ _, que en portuguès col·loquial vol dir 'estúpid', perquè com que no tenia depredadors era confiat de mena. Al cap d'un segle ja s'havia extingit per culpa de la colonització. En surt un a *Alícia al país de les meravelles*.

Per espessir la crema de sant Josep molta gent fa servir farina de blat de moro, però el més tradicional és el _ I _ _ de blat.

LLENGUATGE TÈXTIL (I)

L'antiquíssima i potent indústria tèxtil del país ha deixat una gran quantitat d'expressions i frases fetes que continuen ben vives.
A veure si les sabeu!

Començar: POSAR _ _ _ A _'_ _ _ _ _ _ _.

Endur-se el reconeixement de manera injusta: UNS TENEN LA _ _ _ _ I ELS ALTRES _ _ _ _ _ _ _ _ _ _ _ _ _.

Ser ruc o ruca: PORTAR _ _ _ _ _ AL _ _ _ _ _ _ _.

Males perspectives: MALA _ _ _ _ AL _ _ _ _ _.

Amb tot detall: F_ _ PER R_ _ _ _ o P_ _ _ PER P_ _ _.

Desconcentrar-se quan s'està parlant: PERDRE _ _ _ _ _.

Complicar les coses: EMBOLICAR _ _ _ _ _ _ _.

Perillar alguna cosa: PENJAR _'_ _ _ _ _.

130 paraules, 6 tutis

El tuti

Aquest tuti té una mida discreta: només set lletres. Però descriu un tipus de monument amb pedres molt grosses que feien a la Prehistòria i que encara ens impressiona. Alguns dels més coneguts són el de Stonehenge a Anglaterra i el de Carnac a la Bretanya. [singular]

_ _ _ _ _ _ _

Tres ocellots que tenen ges i as.

_ _ _ G _

G _ _ G

G _ _ _

Quatre mots, tres lletres i una que canvia.

Efecte còmic. → _ A _

Homosexual. → _ A _

Del país de l'Astèrix. → _ A _

Felis catus. → _ A _

N'hi ha cinc, trobeu-ne almenys quatre.

Paraules que comencen per **LLI**.

LLI__________

LLI__________

LLI__________

LLI__________

★ Se'n mengen durant tot l'any, però els de Nadal són especialment grossos, i hi ha qui els farceix amb pilota. [singular]

_ _ _ _ _

★★ La veritat, destriar el que és _ L·L _ _ _ _ del que és _ L·L _ _ _ _ _ _ és una assumpte difícil que deixem a les mans dels especialistes en dret.

★★ D'aquesta part del cos en surt la imaginació (i també és un nom molt comú a Tarragona).

_ A _ _

★ Amb A o sense, aquest fruit és un dels preferits dels picots. Especialment d'una espècie nord-americana d'aquesta família, que es passa el dia emmagatzemant-ne. Fan petits forats als troncs per guardar-los individualment, i si el que troben és un pal d'electricitat no tenen manies: també el converteixen en un rebost.

_ _ _/_ _ _ _

★★ Algú molt L _ _ _ _ _ és una persona que té molta cultura.

Quan de l'educació física en deien gimnàstica a totes les escoles s'hi feia salt de *plint* (poltre o cavall de salts segons el DIEC), una activitat que encantava a mitja classe i atemoria l'altra mitja, perquè demanava molta _ _ _ _ _ _ _ T i els accidents feien força por.

Li Chang n'era el nom artístic. El *Demonio Amarillo*, el sobrenom. Nascut el 1916 a Badalona, Joan Forns va fascinar l'Europa dels anys cinquanta i seixanta amb el seu espectacle de _ _ _ _ _ on es feia passar per un xinès misteriós (la seva dona Montserrat li feia d'ajudant sota el nom de Miss Foo-Lin).

Sí, la paraula *llimac* té una forma femenina.

L _ _ _ _ _ _

Aquestes reines no són per fer bonic, tenen una funció molt especial, i per això reben un menjar únic: la _ _ _ _ _ reial. És una substància fluida i transparent que aporta els glúcids, proteïnes i vitamines que necessiten la reina actual de la colònia i les larves destinades a substituir-la.

Diuen que una _ _ _ _ _ _ val més que mil paraules. Doncs mireu, des del Paraulògic en discrepem. Ens encanten les paraules i no les canviaríem pas per res!

La paraula difícil

El sufix -*àlgia* ve del grec *algos*, que vol dir 'dolor'. Només cal que hi afegim al davant una peça que ens digui la part del cos que fa mal i ja tenim el diagnòstic. En el cas d'aquesta paraula, el problema és muscular.

_ _ ÀLGIA

Poesia dedicada a algú que ha mort, normalment amb to nostàlgic. El 1976 Joan Brossa en va escriure una que acaba així: «Rellotge sempre de la gent que lluita, obres la gàbia a muntanyes. No has caigut pas! Puig Antich, Salvador!».

E _ _ _ _ _

Bosc d'avets i d'altres coníferes que es fa a les terres fredes boreals.

T _ _ _ À

LLENGUATGE TÈXTIL (II)

Seguim el fil del requadre del rusc anterior amb més expressions i frases fetes relacionades amb el món del tèxtil. Ho deixarem aquí, però hi ha teca per dedicar-hi mig llibre!

Primmirat en el menjar: SER UN O UNA _ _ _ _ _FILS.

Primmirat en general: _ _ _ _ R PRIM.

Parlar sense parar: PELS _ _ _ _ _ _ _ _ _ _ .

Cabells rossos: COM UN _ _ _ _'_ _ .

Rebre el contrari del que s'esperava: ANAR PER _ _ _ _ _ I TORNAR _ _ _ _ _ _ _ _ _ .

Desenvolupar un tema: ESTIRAR _ _ _ _ _ .

Estar tot ple: NO CABRE-HI _ _ _ _ _ _ _ _ _ _ _ .

Maquinar alguna cosa: O _ _ _ _ .

Interrompre el que s'estava dient: T_ _ _ _ _ _ _ _ _ _ _ _ .

37

O A
L **P** N
I T

220 paraules, 8 tutis

El tuti

Habitant de la ciutat més densament poblada d'Itàlia, un lloc que diuen que s'estima o s'odia, sense terme mitjà possible. Goethe era del primer grup, i els va regalar una frase que s'ha convertit en un eslògan per atreure el turisme: «Veure (aquesta ciutat) i després morir».

_ _ _ _ _ _ _ À / _ _ _ _ _ _ _ _ _ _ A

Tres paraules amb només una vocal diferent que en canvia el significat.

_ _ P _ (Pare)
_ _ P _ (Xumet)
_ _ P _ (Mamella)

Contraris i propers

Menjada.
No tenir ganes de res.

À _ _ _
A _ _ _ _ _

Quatre vegetals.

En posem a l'escudella. → A _ _
Fruita grossa tropical amb interior de color carbassa. → P _ _ _ _ _
Tubercle d'origen americà. → P _ _ _ _ _
Fruit groc i oblong. → P _ _ _ _ _

★

Ha tornat al Moianès. Ha arribat pel seu compte i n'ha fet casa seva, però hi viu sol, igual que els altres tres o quatre mascles que hi ha en altres punts boscosos de Catalunya. La Caputxeta pot estar ben tranquil·la, és gairebé impossible de trobar-se'l.

_ _ _ _

★★

Són unes mandonguilles que a Osona, la Garrotxa i el Ripollès prenen aquest nom tan descriptiu. N'hi ha de grosses, que es poden guisar, i també de petites, que es posen a la tradicional «sopa torrada». [singular]

P_ _ _ _ _ _ _ _

★★★

Sabeu aquell tros de roba, aquells cabells llarguíssims o aquella fulla de parra oportuna que evita que es vegin els genitals a moltes pintures? Doncs és això.

T _ _ _ _ L

★★

Una cosa fascinant dels dibuixos animats clàssics és que durant les habituals persecucions sempre hi ha algú a qui aixafen amb una paella, d'un cop de porta o que li cau a sobre algun objecte pesant. El personatge queda A _ _ _ _ _ T com un full de paper, però al cap de no res torna a la forma habitual.

★

A la Torreta de Canals, avui un barri de Xàtiva, hi va néixer Alfons de Borja, el que seria P _ _ _ Calixt III. Més tard va ser el seu nebot Roderic qui va arribar al tron P _ _ _ _ . Diuen que a Roma s'exclamaven: «*O Dio! La Chiesa romana in mani dei catalani!*».

A part de menjar-se els aliments crus, aquest deu ser el sistema més natural i saludable de preparar-los: embolicant-los amb un paper resistent i posant-los al forn o al microones perquè es coguin amb el propi suc.

___ ' _____

La frase feta

Dir tot el que es tenia ganes de dir és buidar el ___.

Per admirar els símbols de les ciutats normalment cal aixecar la vista: monuments, cases, esglésies, obres dels museus... Aquest símbol de Barcelona, però, demana abaixar la vista cap a terra, i fins i tot es pot trepitjar. El trobem dins d'un _ A _ _ _.

Els gitanos van arribar a la península Ibèrica fa sis-cents anys, i el català va adoptar algunes de les seves paraules. Una d'aquestes, molt popular, la fem servir com a sinònim d'individu i d'individua.

____,____

Quan mirem una sèrie o una pel·lícula tot sovint ens conviden a entrar a la casa dels protagonistes. Però no és casa seva, és clar, i molt sovint no és ni tan sols una casa sinó un _ _ _ T _.

Diu la cançó infantil: «El ____ i la puça es volen casar. Com ens casarem si no tenim pa? Respon la formiga des del formiguer: "Avant, avant les noces, de pa jo en duré"».

La paraula difícil

El gaig és un ocell A _ _ P _ _ _ _ _ T: a les ales hi té colors diferents de la resta del cos, com si algú hi hagués fet una delicada decoració blava i negra amb uns pinzells.

Posem la ràdio i hi trobem gent que ho sap tot. Engeguem la televisió i hi passa el mateix: persones capaces de valorar qualsevol tema (a vegades, les mateixes que a la ràdio). I així podríem seguir a les xarxes, els diaris o els bars de totes les cantonades. No us desanimeu si no teniu _ _ _ _ _ _ sobre tot. A la major part de la humanitat ens passa el mateix.

DE PAPALLONES

Per alguna raó vinculem les papallones a la bellesa, l'elegància, els aspectes més idíl·lics de la naturalesa. Potser pel vol lleuger i els colors de les ales delicades (si la mirem amb un microscopi la cosa canvia)... Sigui com sigui, arreu del territori se l'anomena de moltes maneres diferents i gosaríem dir que algunes són realment poètiques i suggeridores. Jutgeu-ho vosaltres mateixos:

- Voliana, voliaina - Alt Urgell, Urgell, Noguera, Solsonès, Bages, Segrià, Pallars...
- Parpallol, parpellol, parpillol - Rosselló, Capcir, Alt Empordà
- Pampallola - Baix Rosselló, Conflent
- Parpanyol, parpinyol - Rosselló
- Volei - Vallespir
- Papovolai, volai - Camprodon (Ripollès)
- Babaianes - Mallorca
- Papalloles (diürnes), papallons (nocturnes) - Eivissa
- Papallola, papalló - l'Alguer

Trobareu més informació a l'article «La papallona (*Papilio*)» de l'Atles Lingüístic del Domini Català.

A	H	
T	**I**	E
D	R	

190 paraules, 4 tutis

El tuti

Si vau collir bolets la temporada passada i els vau guardar un cop secs en pots de vidre, quan vulgueu cuinar-los només us caldrà R _ _ _ _ _ _ _ _ _ _-LOS .

Trobeu-ne almenys quatre de dotze.

Paraules que comencen per **TRI**.

TRI__________

TRI__________

TRI__________

TRI__________

Paraules amb propostes incorporades.

I _ _ A

I _ _ _ R

I _ _ _ _ I

Una lletra i molta diferència.

Primat molt petit. → _ _ _ Í

Persona d'una gran potència física (o intel·lectual). → _ _ _ À

Forrrrrta mania contra algú o alguna cosa.

_ _ _ _ I _

Aquest monstre mitològic grec en forma de serp tenia un alè mortífer i un gran nombre de caps, que si es tallaven es reproduïen multiplicats per dos o més. Hèracles va aconseguir matar-la gràcies a l'ajut del seu escuder Iolau.

H _ _ _ _

Els més petits de la família anomenen així la més gran.

_ _ _ _

El 10 de desembre de 1799 Napoleó Bonaparte va anunciar que s'establia el sistema mètric decimal «per a tots els pobles i per a tots els temps». Més de dos-cents anys després, a Anglaterra encara fan servir una unitat de mesura diferent, que correspon a 0,9144 metres.

_ _ _ _ _

Als que porten ulleres, de tant en tant els sembla que tot s'ha emboirat, però normalment és que tenen una _ _ T _ _ _ als vidres (o unes quantes).

Els Pets diuen en una de les seves cançons més conegudes que ho volen ser, i així «fer-ho tot bé, mai ser escollit, mai ser votat».

_ _ _

Hi ha un petit objecte que per a moltes nenes i nens té un poder curatiu, gairebé màgic, i per això quan es fan un tallet o tenen un dolor de no res a qualsevol lloc, el demanen als pares: «M'hi poses una _ _ _ _ _ _ ?».

Al final de la Guerra Civil, al voltant de mig milió de persones van fugir com van poder del règim franquista. Noranta mil d'elles ho van fer passant per la vall de Camprodon cap al Vallespir. Aquest recorregut és un dels que avui estan senyalitzats com a camí de la R _ _ _ _ _ _ _ i de l'exili.

Hi ha qui rep de la família una gran quantitat de diners, una recepta extraordinària per cuinar conill a la caçadora o la capacitat de moure les orelles. Aquestes serien les deixes positives. Una que no ho seria gens ni mica seria una malaltia _ _ _ _ _ _ _ _ _ _ _ _
(un **tuti**, per cert!).

Quan veus que el foc de la llar es va apagant, el que has de fer és _ _ _ _ _ -LO removent els tions o ventant-lo si no et vols pelar de fred aviat.

La paraula difícil

Sembla que ens referim a algú a qui li agrada fer punteria amb una diana, però en realitat aquesta paraula descriu algú que ronda.

!! D _ _ _ _ _ _ E

«La vida: pura contaminació d'allò imperfecte, inexacte, esmunyedís, impur, finit, incomplet» va escriure Maria Mercè Marçal al _ _ E _ _ _ _ que va començar quan li van diagnosticar el càncer, i que es va publicar a *El senyal de la pèrdua*.

Quan t'agafa una _ _ R _ _ no pots pensar en res més. En parles contínuament, en busques informació, hi somnies... Amb el temps segurament et passarà i llavors et podràs lliurar a la pròxima.

UNA LLENGUA VIRTUAL AMB BONA SALUT

El català es troba força ben representat a internet. De fet, és la llengua número setanta-cinc en nombre de parlants al món, mentre que la seva presència *online* es troba entre les vint primeres. De les webs més visitades a la xarxa (cercadors, xarxes socials...), la majoria tenen versió en català (en gran part gràcies a l'activisme dels seus usuaris) i cal recordar sempre que la nostra llengua va ser la segona a tenir una versió de la Viquipèdia, després de l'anglès, i que el domini .cat va ser el primer vinculat a una comunitat lingüística i cultural. I ja que hi som, intentarem resoldre un dubte habitual: hem de dir **el** web o **la** web? Segons el diccionari, si parlem d'un lloc o servidor web hem de fer servir el masculí, i si parlem de pàgines web, el femení. Però l'ús més corrent, i acceptat per la majoria de mitjans de comunicació, és el femení en tots els casos. I llestos.

133 paraules, 6 tutis

El tuti
Sistema per entrar a robar en un establiment que consisteix a trencar els vidres de l'aparador mitjançant l'impacte d'un automòbil. El significat en astronàutica, que malgrat que és molt menys freqüent és el que surt als diccionaris habituals, va de ginys espacials i d'arribar a la Lluna.

_ _ _ _ _ _ _ _ _ _

Trobeu-ne almenys dos de quatre.

Adjectius que acaben amb **AT**.

____________AT

____________AT

Paraules amb l'escut protector que tenim a cada dit.

U _ _ _ A

U _ _ _ _ _ A

U _ _ _ _ _ T

Paraules amb Ü
Instrument de corda o petita embarcació. → _ _ _ Ü _
Xiscle que fan alguns animals. → _ Ü _ _ _
Tireta que porten la majoria de sabates. → _ _ _ _ _ Ü _ _ _
Caixa de morts. → _ _ Ü _

El llatí ens ha aportat dues paraules per anomenar les mateixes fulles verdes que reguem amb oli entre tomàquets i olives. D'*incisum* ens ha arribat l'enciam o encisam, i de *lactuca*...

L _ _ _ _ _ _

El 27 de maig se celebra el dia sense _ _ _ _ E _. Un pastís fet amb farina de blat de moro, de fajol o d'arròs pot ser una manera excel·lent –i segura– de celebrar-ho.

Allò de l'embarassada que es deleix per menjar maduixes amb nata a les dues de la matinada i fora de temporada és un _ _ _ _ _ _ bastant tòpic (però si cola, cola, no?).

Per travessar el riu quan no hi ha pont hem de buscar un _ _ _ L que ens permeti passar amb seguretat encara que ens mullem una mica els peus.

Al segle XIX, en plena industrialització, aquestes entitats promogudes per la societat civil van sorgir per tot el territori i es van convertir en llocs de trobada i centres culturals i educatius importantíssims. Actualment al Principat n'hi ha prop de quatre cents. [singular]

A _ _ _ _ _

Sobre la persecució a la nostra _ _ _ _ _ _ _ _, Ovidi Montllor va escriure una de les seves frases més memorables: «Hi ha gent a qui no li agrada que es parle, s'escriga o es pense en català. És la mateixa gent a qui no li agrada que es parle, s'escriga o es pense».

La frase feta

Per parlar d'algú poc espavilat i, a més, ignorant, podem dir que és «més L _ _ _ _ T que el marrà gros».

L'allipebre és un plat tradicional valencià que s'acostuma a fer amb un peix gelatinós i en forma de serp. Però té un problema: aquest peix es comercialitza tant quan és menut com quan és adult, i reben noms quasi iguals, amb una lletra de diferència, cosa que provoca confusió. Aclarim-ho: l'allipebre s'ha de fer amb peix adult, però en aquest rusc hi surt el petit.

_ _ _ _ L _

A l'hora de fer recompte en unes eleccions es troben sovint sobres amb paperetes de partits diferents. És difícil saber si les hi va posar algú amb l'esperança que governessin plegats, però compta com a vot _ _ _ , igual que els que escriuen o dibuixen a les paperetes o les substitueixen per una rodanxa de xoriç.

Borrissol fi que recobreix el cos dels nounats i que desapareix al cap d'uns dies.

L _ _ _ _ _ N

La de nit és petita i baixa, per deixar-hi poc més que un llibre, el despertador o el mòbil i algun llum. I per si preveus un desig irrefrenable, encara te n'hi pot cabre una mica de xocolata.

_ _ _ _ _ _ _

N'hi ha als bars i a moltes botigues i normalment separen els venedors dels compradors. Però un T _ _ _ _ _ _ també pot voler dir una rajola de València, i en valencià s'usa més el diminutiu T _ _ _ _ _ _ _ _ .

La paraula difícil

A l'arrel de l'ungla hi tenim una zona blanca en forma de mitja lluna. El nom prové de la paraula llatina que descriu justament «lluneta».

L _ _ _ _ _ A

!!

LLENGUA EN LÍNIA (I)

De recursos lingüístics *online* en català, per sort, n'hi ha a cabassos. Hi podem trobar els principals diccionaris generalistes i també d'especialitzats, webs per resoldre dubtes i incomptables pàgines amb articles i treballs sobre aspectes concrets de la llengua. Aquí us en deixem alguns de bàsics que s'han de tenir sempre a mà:

DIEC2: El diccionari de la llengua catalana de l'Institut d'Estudis Catalans és la bíblia de la llengua i també del Paraulògic. Si no hi surt una paraula, no és vàlida per al joc (podeu enviar-los els vostres suggeriments a l'adreça observacions.paraulogic@iec.cat). Porta el número dos perquè és la segona edició d'aquest diccionari (va sortir el 2007; el DIEC3 fa anys que l'anuncien i l'esperem amb candeletes). La web dona accés a altres diccionaris especialitzats i al **DCVB**.

DCVB: *Diccionari català-valencià-balear*, també conegut com l'Alcover-Moll (pel nom dels seus autors principals, el mallorquí Antoni M. Alcover i el menorquí Francesc de B. Moll), és un diccionari descriptiu i etimològic molt interessant (i entretingut) per conèixer l'ús de les paraules en totes les variants dialectals i locals, entre altres virtuts.

Diccionari.cat: És el portal d'Enciclopèdia Catalana. S'hi poden consultar el *Gran diccionari de la llengua catalana*, el conjugador de verbs, el diccionari de sinònims Franquesa, el diccionari escolar Didac i molts diccionaris bilingües. També permet accedir a l'Enciclopèdia.cat, la versió en línia i actualitzada de la *Gran enciclopèdia catalana*.

Termcat: Aquest organisme oficial elabora recursos terminològics i treballa en la normalització dels neologismes. A la seva web hi trobareu moltíssims diccionaris d'àmbits específics.

S F
I **O** N
D E

74 paraules, 5 tutis

El tuti

Després de dinar, mentre desparàvem taula, el que li tocava rentar els plats s'ha fet _ _ _ _ _ _ _ sense que ningú se n'adonés (només ha quedat aquest tuti net).

El post tuti

El rentador de plats desaparegut diu que no li hem donat l'oportunitat d'explicar-se i se sent en una situació d' IND _ _ _ _ _ _ Ó. Li hem dit que això no és un judici i que passi cap a la cuina.

Trobeu-ne almenys tres de vuit.

Paraules amb el sufix **-ÓS**.

__________ÓS

__________ÓS

__________ÓS

Paraules amb síl·labes repetides i moltes **O**.

_ O _ O (Tou)

_ O - _ O (Joc que puja i baixa)

_ O _ - _ O _ (Soneta)

«La reina Maria va fer fer dotze candeles, totes del mateix pes i la mateixa grandària, i les va fer encendre totes a la vegada, i en cadascuna posà el nom de cadascun dels apòstols, i prometé a Nostre Senyor que _ _ _ tindríem el nom d'aquella que més duraria. I la de sant Jaume durà ben bé tres travessos de dit més que les altres. I per això i per la gràcia de Déu, tenim per nom en Jaume.»
Crònica de Jaume I.

El diccionari explica que era el nom que rebia el petit teatre on es feien audicions musicals a la Grècia antiga. A moltes poblacions dels Països Catalans, però, aquest ha estat un dels noms més típics per a les sales de cinema o de teatre locals.

O_ _ _ _

Si us costa adormir-vos, abans de trucar a cap doctor podeu provar una tècnica que s'ha posat força de moda i que en diuen 4-7-8. Es tracta d'inspirar _ _ N _ _ pel nas durant quatre segons, aguantar l'aire durant set segons i exhalar-lo durant vuit segons. Sort!

Sabeu aquell comentari aparentment innocent però que en realitat no ho és, i que es clava com un punyal? Doncs és això.

I_ _ _ _ _ _ _

Per a les petites ferides sempre va bé tenir oli de pericó (herba de sant Joan), perquè desinfecta, a part de desinflamar. Si no en tens a mà, a qualsevol farmàcia i fins i tot als supermercats pots comprar un pot de I _ _ _ .

A nosaltres aquesta paraula ens fa venir badallera i als cubans, ganes de ballar.

_ _ _

El _ _ _ _ és l'animal marí més intel·ligent, capaç de sentir emocions, amb consciència de si mateix i amb un llenguatge que inclou nocions abstractes. Els espectacles que feien als zoos els provocaven un gran patiment, i per això a Barcelona els van deixar de fer el novembre del 2015.

Que sí, que coincideixo amb els valors de l'empresa. Que sí, que tinc totes les habilitats i coneixements per desenvolupar la feina de manera excel·lent. En resum, que tinc el perfil _ _ _ _ I per a aquest lloc de treball. Espero que em contractin.

Tothom té clorur de _ _ _ _ a la cuina, perquè és un additiu bàsic, però ja sabem que quan ens diagnostiquen un problema de cor o d'hipertensió, ai!, és el primer que ens prohibeixen.

Peix de bon gust però avorrit com ell sol.

S _ _ _ _

La paraula difícil

També conegut com *cendrosa* o *malura blanca*, aquest fong ataca les vinyes, els avellaners i els roures i es reconeix fàcilment perquè fa taques blanques a les fulles que quan s'escampen impedeix que rebin la llum solar que necessiten i puguin fer la fotosíntesi.

!!

O _ _ _

A gairebé totes les cultures aquesta mena d'animals estan vinculats amb el mal i el pecat, i és un dels que provoca més temor entre la gent. A casa nostra, però, no cal patir: només hi ha una família que sigui un perill en cas que et mossegui.

O _ _ _ _ S

GUERRA ALS VEÏNS!

En aquest rusc hi surt I _ _ _ _ _ _ _ I, el gentilici d'un estat insular del sud-est d'Àsia. És el quart estat més poblat del món, té 17.000 illes (més de la meitat deshabitades), s'hi parlen vora tres-centes llengües i és on hi ha més població musulmana. I no tenim cap prejudici sobre aquesta gent, ni bo ni dolent, segurament pel fet que és un país molt llunyà. En canvi, sobre els pobles veïns ho sabem tot: sobretot, que són molt pitjors que nosaltres. La cultura popular ha generat una gran quantitat de dites i expressions que il·lustren la competència entre els pobles. És conegut allò de «Sabadell, mala pell» i «Terrassa, mala raça», però els exemples són incomptables. Només com a mostra del judici despietat que sempre fem del poble del costat: «D'Esparreguera, Judes n'era», «...però a Olesa el van criar»; «Manresà/valencià/català/lleidatà/vigatà i home de bé, no pot ser»; «Anar a Igualada ja m'agrada, anar a Manlleu em sabria greu»; «A la plana de Vic, nou mesos d'hivern i tres d'infern»; «A Gandia, pixavins»; «A Maó, qui no és lladre és traïdor»; «Els d'Olot fan ballar el ninot»; «A Bellpuig, caga i fuig». Si en voleu més, a https://pccd.dites.cat en trobareu per donar i per vendre!

O B

M **E** R

G I

100 paraules, 7 tutis

El tuti

Es diu que la reina Joana I de Castella va E _ _ _ _ _ R per culpa del patiment que li va provocar el desinterès i després la mort del seu marit Felip el Bell, i que per això la van tancar en una torre durant quaranta sis anys. Però al segle XXI sabem que això és una versió romantitzada de l'abús i el maltractament terrible que va patir una persona amb problemes de salut mental.

ER

Trobeu-ne almenys quatre de nou.

Paraules que comencen per **ER**.

ER ____________

ER ____________

ER ____________

ER ____________

Oficis d'ahir i d'avui.

Fa gerres. → _ _ _ _ _ _

Treballador. → _ _ _ _ _

Coneix les plantes i en prepara remeis. → _ _ _ _ _ _ _

Un altre tuti

Un que fa molt de xivarri, se'l sent d'una hora lluny.

R _ B _ _ B _ _ _ _ G

Ja ningú discuteix que per a un nadó la llet materna és la millor opció, tot i que hi pot haver motius que ho desaconsellin. Tant si pren el pit com el _ _ _ _ _ _, és molt important que ho faci a demanda.

El 1833 l'ajuntament de Barcelona va municipalitzar aquest servei, que té el lema «Vetllem, protegim, salvem». Però ja hi havia gent que feia aquesta feina molt abans: paletes, fusters i manyans quan calia es posaven a fer de _ _ _ _ _ R. Dos anys més tard de la creació del cos, la Crema de Convents els va posar realment a prova.

«Aquesta _ _ _ _ R que se sent no és de pensaments.
Han estat prohibits perquè no engendrin
la necessitat de parlar
i sobrevingui, inevitable, la catàstrofe.»
Miquel Martí i Pol

Sap greu dir-ho, però els nutricionistes són taxatius en això: ni _ _ _ _ ni blanc, el millor sucre és el que no es posa.

La sequera dels pantans sempre provoca curiositat, perquè fa E _ _ _ _ _ _ els objectes i edificis que van quedar coberts d'aigua. El campanar de Sant Romà de Sau és un autèntic indicador popular de l'estat de les pluges des de fa més de cinquanta anys.

Serguei Prokófiev va compondre el 1936 la famosa obra musical *En Pere i el llop*, on cada personatge estava «interpretat» per instruments diferents. En Pere per instruments de corda, l'avi pel fagot, l'ocell per la flauta travessera i l'ànec per l' _ _ _ _.

Peix vermellós i molt gustós conegut com a moll o com a R _ _ _ _, que també és un nom d'home.

Si tens un tros de jardí o una terrasseta i hi vols fer el vermut a l'estiu, segurament et convindrà posar-hi un tendal d' O _ _ _ _ _ G perquè tapi una mica el sol. És un **tuti** net.

La frase feta

Xe, que bo que és este meló.
Açò és mel de _ _ _ _ _!

Ni el de la pinya, ni el de la carxofa, ni el paleo. Cap R _ _ _ _ és recomanable sense assessorament professional si vols que sigui efectiu, i sobretot saludable.

La paraula difícil

Quan dorms i sona el telèfon a les tres de la matinada, potser només és algú que s'ha equivocat, però el R _ _ _ _ Ó que et provoca no te'l treu ningú.

El Comitè de Censura de TVE va establir a principis dels anys seixanta un sistema per advertir que els continguts que estaven a punt d'oferir no eren adequats per als més joves. Quan sortia un _ _ _ _ _ volia dir que el programa era per a majors de catorze anys, i si n'eren dos, per a majors de divuit.

Si vius en una zona rural on s'hi fa boira, els matins freds veuràs ben sovint els camps de color blanc. Si no ha nevat, el que veus és _ E _ _ _.

MEMS

Si teniu més de quaranta anys, segurament us costa d'entendre la gràcia d'un nou gènere d'humor que ha sorgit els últims anys a les xarxes socials: els **mems**. Us heu preguntat d'on ve aquesta paraula tan curiosa? Doncs de l'anglès *meme*: i qui se la va empescar, el científic C. Richard Dawkins, es va inspirar en el mot grec *mimema*, que vol dir 'imitació, còpia'. El Termcat estudia d'incloure'l com a neologisme. De moment, el que ens diu el diccionari (i tots ho sabem molt bé gràcies al rusc número 24) és que *mem* és la tretzena lletra de l'alfabet hebreu i arameu. Per això és un mot correcte, i no perquè a l'IEC li hagi agafat un atac de modernor...

331 paraules, 14 tutis

Un tuti net
La Carme s'ha pintat els llavis d'un vermell fosc espaterrant i amb aquest color s'agrada, sí.

C _ _ _ _ _ _

Paraules que troben a faltar la humitat.

R _ _ _ _ _

R _ _ _ _ _ _

R _ _ _ _ _ _ _

S _ _

S _ _ _

S _ _ _

Trobeu-ne tres de cinc.

Aquestes fan curt en general.

ESC__________

ESC__________

ESC__________

Quatre lletres, quatre combinacions
Algú amb qui tens bona relació. → _ _ I _
Tira de terreny per anar d'un lloc a l'altre. → C _ _ _
Part més alta d'una planta. → _ _ _ A
Petita porció d'una cosa. → M _ _ _

L'Amélie de la pel·lícula homònima se'n posa una parella a cada orella com unes arracades. [singular]

_ _ _ _ _ _

« _ _ _ em pariren i _ _ _ estic.
I com que em passen certes coses,
_ _ _ les cante, _ _ _ les dic.»

V. A. Estellés (Andreu Valor ha cantat el poema en un disc).
[paraula repetida]

El que volia l'anarquista que surt al rusc 25.

_ _ _ À _ _ _

Baixar pels ràpids de les aigües braves de la Noguera Pallaresa amb aquest palíndrom no és tan fàcil com podria semblar.

_ _ _ _ _

Aquesta paraula a la gent més gran els farà pensar en un ingredient per fer brou, i als més joves en un protector per al mòbil.

_ _ _ _ _ _ _ _

Els pastors tradicionalment deien oracions de protecció quan sortien amb el ramat. Una era contra el mal temps: «Venen tres núvols molt mals, un de trons, un de llamps i un de mals espants...». Ara bé, si no veus clar que resar funcioni, sempre pots posar-te a _ _ C _ _ i esperar que escampi.

Onomatopeia fastigosa.

_ _ _

Normalment ens imaginem un _ _ _ _ _ _ com un ésser de color verd amb antenes que un dia baixa amb la seva nau a la Terra amb intencions poc clares. Ray Bradbury va escriure un llibre sobre el cas invers: la colonització humana del seu planeta. I no en sortim gaire ben parats.

Per haver fet una cosa o per no haver-la fet, sempre hi ha coses que ens saben greu. [infinitiu]

_ _ _ _ R

Fa temps es venien ulleres amb montura de C_ _ _ _ . Ara n'hi ha moltes que s'hi inspiren però que es fan amb acetat de cel·lulosa, perquè està prohibidíssim fer servir les closques de tortuga, d'on sortia aquell material.

Ficar-se on no et demanen és E _ _ _ _ _ _ _-_E en alguna cosa (i és molt fàcil sortir-ne escaldat).

La paraula difícil

Aquesta paraula designa aquella peça, normalment quadrada, de ganxet, de roba o de puntes que es posava al respatller d'un sofà o d'una butaca. Potser ja no està tan de moda a les cases, però els avions, trens, autocars... posen en tots els seients un retall que s'hi assembla molt.

M _ _ _ _ _ _ _

!!

Anant pel bosc, si t'hi fixes bé, potser veuràs alguns pèls llargs i durs enganxats a l'escorça d'un arbre. És el rastre dels senglars que s'hi van a _ _ _ _ A _ .

LLENGUA EN LÍNIA (II)

A part dels principals diccionaris en català, tenim incomptables webs que ens ajuden a resoldre dubtes, ampliar vocabulari, escriure millor i passar-nos-ho bé amb la llengua. En destaquem quatre d'imprescindibles:

Optimot: És un servei de la Generalitat, l'IEC i el Termcat per resoldre dubtes de tota mena sobre la llengua. Si t'hi registres, els pots fer consultes particulars.

Ésadir: Portal lingüístic de la Corporació Catalana de Mitjans Audiovisuals. Està pensat especialment per a la gent que hi treballa, però també és molt útil per a resoldre tota mena de dubtes, des de com pronunciar el nom d'una actriu o una ciutat estrangera fins a saber el títol en català d'una pel·lícula.

Softcatalà: Entre molts altres serveis, ofereix correcció ortogràfica i gramatical, traduccions, sinònims i transcripcions d'àudio a text.

Rodamots: Si voleu aprendre vocabulari o millorar la llengua, subscriviu-vos-hi de franc i rebreu per correu una paraula o expressió cada dia, acompanyada d'exemples d'ús, l'etimologia i altres curiositats.

109 paraules, 4 tutis

El tuti
Per alguna raó, quan veiem nuvolots al cel diem que el que fan és A _ _ _ _ _ _ R pluja i quan hi veiem sol i el cel blau és que fa «bon» temps. Hi haurem de donar alguna volta, a tot plegat!

Paraules d'armeria.

A _ _ A

A _ _ _ R

A _ _ _ R

A _ _ _ _ A

El mascle de l'ovella o del porc i les seves rebequeries.

M _ _ _ _

M _ _ _ _ _ _

EMM _ _ _ _ _ _ _ - SE

Tres paraules de tres lletres que canvien una lletra.

_ A _ (Pom)

_ A _ (Arran)

_ A _ (Estrany)

43

Quan el pastor engega la ramada amb l'ajuda del seu gos ha de M _ _ _ _ les ovelles cap als prats on té permís per pasturar.

Entres a la cuina. Veus una bestiola voladora que no és una mosca ni un mosquit. No hi ha res a fer: et tocarà revisar tots els pots d'arròs, pasta i fruita seca per detectar-hi les larves que hi estan fent festa major.

_ _ _ _

Atents a aquest mes que mata la vella a la vora del foc. I que no estigui gaire tranquil·la la jove, tampoc.

_ _ _ _

Des dels anys vuitanta del segle passat, Torrelles de Llobregat reivindica la seva tradició de feines forestals amb el Concurs d'Estelladors. Armats amb una M _ _ A , els concursants han de ser els més ràpids a dividir en quatre parts els troncs que els donen.

La persona declarada culpable d'un delicte és una _ _ _ .

La frase feta

El quid de la qüestió és la _ _ _ _ del ous.

Els pagesos de R _ _ _ _ _ A catalans van formar el que es considera el primer sindicat de la història. L'acta manuscrita de les primeres reunions, del 1448, encara es conserva a Girona.

Durant segles, la majoria d'olles, coberts i altres estris de cuina estaven fets d' _ _ _ _ perquè era un material abundant, fàcil de treballar i de reparar. Però l'augment del preu de la seva matèria primera, el coure, l'aparició de l'acer inoxidable i els problemes de toxicitat l'han anat reduint a un material només útil per a objectes decoratius.

No tothom sap comprar als mercats de segona mà. Si no vigiles, en lloc d'una peça R _ _ _ i especial te'n pots endur una rampoina sense cap valor.

Quan la Terra era jove hi havia un sol continent, que ara anomenem Pangea, i un sol _ _ _ , Pantalassa.

A moltes pel·lícules d'aventures els protagonistes queden atrapats inesperadament en trepitjar una zona d' _ _ _ _ A que, en moure's, els xucla cap avall. Aquest fenomen, que no és exactament com ens l'han ensenyat, encara no té nom oficial en català, però una de les propostes del Termcat és *sorramoll*.

La paraula difícil

Els arços són uns arbustos tan carregats de punxes que a vegades s'han fet servir per envoltar algun espai que es vol protegir del bestiar (normalment un arbre). I hi ha un verb per definir-ho i tot.

E _ _ _ _ _ R

!!

Els dies de pressions baixes els mosquits volen _ _ R _ _ de terra seguits per les orenetes, que se'ls van cruspint.

Una cosa entretinguda. Vaja, que no ens enamora però que ens distreu!

_ _ _ _ A

ANIMALS DE LA TERRA

La sargantana de les Pitiüses i el tritó del Montseny són espècies endèmiques. Però hi ha incomptables animals autòctons perfectament adaptats al seu territori. Un exemple en són les ovelles. Cada R _ _ _ té característiques diferents segons el clima i el terreny: la xisqueta al Pallars, la guirra a l'Horta de València (i també a les zones muntanyoses de la vora); la roja al Rosselló o la ripollesa al nord-est de Catalunya, entre altres.

C O
N **T** E
D I

128 paraules, 8 tutis

El tuti

Aquest tuti descriu la destrucció sistemàtica i premeditada de la cultura d'un poble amb l'objectiu de substituir-la per una altra.

E _ _ _ _ _ _ I

Paraules relacionades

Dues parts del cos. Una que sempre està molla i la que ho toca tot.

D _ _ _

D _ _

Dues del món tèxtil. L'embolcall suau d'unes llavors i la que hi posa color.

C _ _ _

T _ _ _

Dues de composicions musicals. Per a vuit instruments i per a nou.

O _ _ _ _

N _ _ _ _

Dues de *bon vivant*. Un àpat bo i copiós i la manera popular d'anar a prendre una beguda.

T _ _

T _ _

Els ximpanzés tenen el 99% de l'ADN _ _ _ _ _ l _ al nostre i per tant són els nostres parents més propers. Això ho va poder demostrar el 1973 la genetista nord-americana Mary-Claire King.

L'any 1889, quan Van Gogh es recuperava d'un brot psicòtic al sanatori de Sant Romieg de Provença, va pintar des de la finestra de la seva habitació el que es considera el primer quadre nocturn pintat del natural, *La _ _ _ estelada*. Des del 1941 es pot veure al MOMA de Nova York, però només durant el dia.

És la novena lletra dels estimats i recurrents alfabets hebreu i arameu. I també el nom del riu que neix als peus del Carlit i que travessa l'Alta Cerdanya, el Conflent, el Rosselló i acaba creuant Perpinyà i desembocant al Mediterrani. Paraula femenina, per cert, com la Noguera, la Sénia o la Tordera. _ _ _

Alguna antropòloga ens ho hauria de confirmar, però això de posar l'adjectiu _ _ _ _ C a certes músiques, estampats de roba o elements decoratius sembla força occidentalocentrista.

Un dels moments més bonics del dia, quan ets petita, és que t'expliquin un _ _ _ _ _ abans d'anar a dormir. Quan creixes te l'has de llegir tu mateixa (o subscriure't a alguna aplicació de les que ho fan per un preu mòdic).

Un parot, com bé saben els valencians, és l'estructura de fusta que feien servir els antics tallers de fusteria per posar-hi el gresol per il·luminar-se durant l'hivern. Per Sant Josep el cremaven, juntament amb les restes de fusta que els sobraven. Un dia a algú se li va acudir «disfressar» el parot, i així va acabar naixent el primer _ _ _ _ _ i les falles d'avui.

Aquell que sempre sembla que tingui les coses clares i que no tingui por de tirar endavant.

_ _ _ _ _ _ T

Fins no fa gaire una noia havia de ser amable, complaent i discreta i complir unes normes molt estrictes de (no) relació amb els homes si volia ser considerada _ E _ _ _ _ .

Posar-te per primer cop les ulleres graduades que necessites és una sensació espectacular: de cop el món es torna _ _ _ _ D d'una manera que no hauries imaginat mai i et deixa bocabadat.

La paraula difícil

Aquesta paraula descriu l'interval musical que consta de dos tons.

D _ _ _ N

!!

Quan queixalem un tros de bitxo d'aquells que ens fa plorar els ulls, no ens estranyem que d'una cosa picant també se'n digui _ _ _ _ , perquè sembla que tot ens cremi! Per cert, des del 1912 hi ha una manera per mesurar la picantor dels pebrots: l'escala Scoville. El rècord el té el pebrot nord-americà Pepper X.

En els temps en què s'esperava del marit que sostingués econòmicament l'esposa, la família de la promesa oferia un _ _ _ per contribuir-hi. Sovint era fruit d'una negociació entre les famílies.

PETIT CATÀLEG D'INSULTS

Nicotínic! I tu nectònic! Tros d'encet! Indocte rematat! Aquestes són algunes de les paraules del rusc que podrien servir d'insults, però que no ho són i en principi no ho han estat mai (a menys que formessin part del repertori del capità Haddock!). Aquest terreny és d'expressió lliure, de manera que podem adoptar els que ens doni la gana. Però si us estimeu més fer servir els que tenen experiència provada, us n'oferim alguns de clàssics i de menys coneguts. Trieu i remeneu i, com deia el gran Estanislau Verdet, per fer país insultem en català! Baladrer, betzol, cagamandúrries, caganiu, cap de carbassa, cap de fava, capverd, carallot, cul d'olla, destraler, esquenadret, gambalatxo, guilopo, tros de lluç, malfeiner (o malfaener), malgirbat, matusser, mico filós, nyèbit, pelacanyes, pocapena, pocatraça, sabatot, soca, tabalot, sòmines, taral·lirot... En vols més? Troba'n un fotimer a *Cent insults imprescindibles*, de Pau Vidal.

115 paraules, 2 tutis

El tuti

L'arquitecte alemany Mies van der Rohe va tenir una gran influència en l'arquitectura moderna al començament del segle xx. Amb el concepte «menys és més», el seu estil es caracteritza per la S_ _ _ _ _ _ _ _ _ _ dels elements estructurals, la puresa en la composició geomètrica i l'absència d'elements ornamentals.

Troba'n almenys tres de set.

Paraules que acaben amb **LL**.

________ LL

________ LL

________ LL

N'hi ha nou, trobeu-ne almenys sis.

Paraules que comencen amb **SAL**.

SAL______ SAL______

SAL______ SAL______

SAL______ SAL______

Amb l'ela geminada no s'ha fet mal ni ell ni ella.

_ L·L _ _

_ L·L _ _ _

Ara trobem arreu l'acrònim en anglès AKA (*also known as*) però en català en diem _____ o sobrenom.

El moviment veïnal de la Vila de Gràcia va evitar in extremis la destrucció d'unes cases emblemàtiques i el seu jardí del carrer de l'Encarnació d'aquest barri de Barcelona. Van evitar que els operaris amb les serres a punt tallessin una _L____ de més de dos-cents anys que ha resultat ser la més longeva de la ciutat, ara catalogada.

Aquesta frase ha esdevingut un clàssic a les portes d'entrades destinades al personal treballador: «Prohibida l'entrada a tota persona ___E__ a l'empresa».

Edgard Rice Burroughs va publicar el 1912 la primera història de Tarzan, un nen criat pels simis que no descobreix la seva humanitat fins que és adolescent. A les pel·lícules que se'n van fer, una de les coses que més fascinava el públic era veure com feia servir aquell sorprenent sistema de transport per la selva.

→ ____A

Als recitals, el poeta Enric Casasses sempre va acompanyat de llibretes. De tan treballades s'han fet gruixudes, plenes de paperets que fan de punt de dites, frases, pensaments, dibuixos i poemes. Segur que també duu altres coses, però no les hem vistes perquè no li hem remenat la S_____A.

45

★ Això de la demència S _ _ _ _ ja no s'estila gaire perquè és un concepte molt poc científic i que pot estigmatitzar. Però la demència, sense etiquetes, sí que existeix. Si els que ens barallem cada dia amb el Paraulògic mai ens hi trobem, potser ens anirà bé que en l'exploració clínica ens demanin algun tuti.

★★ Al *Llibre de Sent Soví*, receptari en català del 1324, hi ha les instruccions per fer una _ _ _ _ A anomenada *granada*, feta a base de fetge de gallina, pedrers, suc de taronja amarga o llimona, rovells d'ou i pebre i altres espècies que la fan picant. Si la tasteu ja ens ho explicareu!

★ Hi ha peces de roba fetes d'un material que abriga, transpira, és ignífuga, higroscòpica, amb una gran elasticitat, flexibilitat, resistència i no acumula electricitat estàtica. No és fet a cap laboratori, estem parlant de la _ _ _ _ _.

★ L'excés sempre és un problema, com el de _ _ _, que no es tracta d'un impuls sexual fora mida com podria semblar, sinó el fet de portar la feina més enllà del que és necessari o raonable.

★★ Tots ens hi hem trobat: juguem a l'Scrabble i tenim una ela geminada que volem col·locar però ens costa trobar una paraula que hi encaixi. Aquesta que surt al rusc és curta i us salvarà més d'una i de dues vegades. Vol dir 'hidrocarbur insaturat', però com a sistema mnemotècnic per als no científics recordeu que sona igual que l'aire que aspirem.

_ _·_ _

La paraula difícil

Una persona L _ _ _ A és que està defallida, que no s'aguanta dreta.

!!

A finals de febrer del 1939 Mercè Rodoreda es va allotjar, amb altres exiliats, al castell de Roissy-en-Brie, a l'Illa de França. Allà va començar una relació apassionada i polèmica amb Armand Obiols i va fruir molt del jardí de la finca. Una de les flors més abundants n'era l'olorós L _ _ _ _, que va fer sortir en diverses de les seves novel·les.

El 28 d'octubre del 1848 es va inaugurar la primera _ _ _ _ _ de ferrocarril dels Països Catalans, que unia Barcelona i Mataró, dues zones en plena febre industrial que necessitaven comunicacions ràpides.

VENIM DEL NORD, VENIM DEL SUD

En aquest rusc hi trobem els A _ _ _ _ S, nom que reben els vents que, a la regió tropical, bufen del nord-est a l'hemisferi nord i del sud-est a l'hemisferi sud. Però com es diuen els vents que escombren la terra i remouen la mar a casa nostra? Si de petits us van fer dibuixar una rosa dels vents però no en recordeu els noms, sempre podeu escoltar la *Jota marinera* de la Maria del Mar Bonet; segur que us quedaran gravats per sempre.

«Llevant, xaloc i migjorn,
llebeig, ponent i mestral,
tramuntana i gregal.
Vet aquí els vuit vents del món.
Una dona marinera
sempre mira d'on ve el vent,
tan si és llevant com ponent
el bon temps sempre l'espera.»

Aquí podràs jugar en línia a tots els ruscos d'aquest llibre!

Solucionari

01. D + ACENST

pàg. 14

desencadenant

dentada, denteta, desdentada, desdentat

ascendent, dantesc, descansat, desencadenant, desencant, dessecant

desanada, desanat, desatent, desatenta, descansada, descansat, descastada, descastat, descendir, descens, desdentada, desdentat, desencadenant, desencant, desnansada, desnansat, desnatada, desnatat

addenda

pàg. 15

canadenca, tenda

sad

castedat, santedat

andes

descansada, atacada

sedàs

pàg. 16

dèsset

cadenat, cadeneta, desencadenant

edèn

tanda

desena

cansada, casada

pàg. 17

ennassada

cadet

escatada

sedan

dantesc, kafkiana, quixotesc, orwellià, sàfica

02. M + ESLOAD

pàg. 18

esllomada, esmolada

mal, mala, malesa, malsà

ama, amè, amo

amelada, melada, melassa, melmelada, melós, melosa

pàg. 19

aloma

sèsam

mam

desmodada

melé

domàs

pàg. 20

molsa

eslàlom

mesella

sèmola

mos

medalló

pàg. 21

maldol

ema

llama

03. N + BEIORT

pàg. 22

entreobrir

trentè, trentenni, trentí

bonior, borinor, obtentor, roentor, tenebror

retint, tinter, tintorer, tintori

pàg. 23

orni

beneit/beneït

tenor

naó

inoït

entretenir

pàg. 24

tintorer, tintorera

ren

bonior

entebeir, enroentir

borinot

pàg. 25

nonet

intent

inri

borroner

04. A + GIRUX

pàg. 26

guixar

agar-agar, ai-ai, gara-gara, rau-rau, xau-xau

xarxa, xau-xau, xauxa, xiuxiuar, xuixar

agrària, gàrgara, gruixària, íxia

pàg. 27

gigar

auriga

arruixa

xaiar

gag

gai, iai, rai, xai

pàg. 28

arri

gai

així, aixà

gaig, grua

garrí

xarrar

pàg. 29

arraix

rai

xurra

05. F + ACIOST

pàg. 30

satisfacció

aftós, facciós, oficiós

fai, fas, fat, fic, fit, foc, fot

cosificació, ossificació, satisfacció, sofisticació

pàg. 31

afòtic

afàsia

sifó

sofà

faista, facciós, fossa, ficció

còfia

pàg. 32

tofa, fato

fictícia

oficiosa

fita

faisà, foca

pàg. 33

faitó

cofoi, cofoia

tafia

fofa

cosificació

06. E + MAGTZR

pàg. 34

emmagatzemar

agregat, emmagatzemar, emmagatzematge, gatera, gatet, magatzem, regata, regater, regatera, regatge

amarat, amarrat, aterrat, aterratge, emmarat, errat, errata, garatge, gratera, metratge, ratera, rateta, terrat

arremetre, emetre, remetre, trametre

era, marge, reg, regar, terra

pàg. 35

agre

aterratge

regatera

etarra

erra, zeta

èter

pàg. 36

gàmeta

mate

mare, emmarat

gemegar

rearmar

pàg. 37

emmagatzematge

atarterar

gratera

retrat

07. C + LAÇDOR

pàg. 38

calçador, calçadora

cordada, cordal, cordar, cordó

acar-raca, aloc-cola, card-drac, call-llac, calc-clac, coll-lloc, cor-roc, corc-croc, llacor-rocall

roca, rocall, rocalla, rocolar

card, carda, cardada, cardador, cardadora, cardar, cardó

pàg. 39

carall

rococó

crac

coc

corol·la

pàg. 40

cloc-cloc

coala

caldo

codolada

àcar

aladroc

pàg. 41

corc, corcoll

calrada

roc, llac, cor

colada, coco

08. R + IMPEBL

pàg. 42

imperible

perer, llimer

brell, bri, brie, brill, erb, erm, llir, mer, per, pler, prim, rei, rel, rem, rim

imprimible, imprimir, irreprimible, pipipiripip, reimprimible, reimprimir

pàg. 43

repel·lir

irreprimible

pipiripip

bri, brie

llibre

pàg. 44

lliri

llebre

berber

imperi

remeier

imberbe

perir

pàg. 45

impel·lir

leri-leri

09. S + DENYAR

pàg. 46

desensenyar

adés-seda, arres-serra

assenyada, desassenyada, desensenyar, ensenya, ensenyar, ressenya, ressenyar, senya, senyar, senyera

desarenar, desarnesar, desarrendar, desdenyar, desenredar, desenrederar, desensenyar, desésser, desnassar

pàg. 47

arnès

ananàs

sara

rasar

aranès, aranesa

desenredar

daneses

pàg. 48
senyera
asserenar
ase
sardana, dansa
serra
arrasada
pàg. 49
deessa
desdeny
desenrederar

10. E + ACIDNT

pàg. 50
accident, accidentada, accidentat
cent, centè, centena, centenni
età, etè, etí
indecència, indecent, inèdit, inèdita, intacte
pàg. 51
tenicida
edat
eina
acte
cine
pàg. 52
ien
tacte
tedi
cena
àneda
antena
pàg. 53
endidat
indecència
ciència
antitetànica

11. I + COMPRS

pàg. 54
microscòpic
comí, còmic, comicis, comís, comissió, comissori, commoció, composició, comprimir, compromís, compromissori
ric, rim, ris
miop, psicosi, psòric
occir, morir, crim
pàg. 55
comissió
circ, cric
coi
io-io
pioc
pàg. 56
comprimir
morisc
mico, mico
sis
microcosmos
pàg. 57
còccic
ociós
opi
pipí, micció
còsmic

12. A + SUQEJR

pàg. 58
suquejar, saquejar
rara, rarejar, raresa
suar, suara, suau, suera, suquejar, sura o surà, surar, surera, surra, surrejar
erra, essa
pàg. 59
rau-rau
ara, rar
jau
suar
esquerre
ras
pàg. 60
quàquer
arres
jussà
quequejar
sarau
pàg. 61
arquera
arruar-se
assajar
ajeure/ajaure

13. G + LAOTER

pàg. 62
llogaret
gat, gata, gatera, gató
gel, gelar, gelat, gelater, gelatera, gelera, gelor
llogat, llogater, llogatera, rellogar, rellogat
pàg. 63
gall
aglà, gla
regalar
oratge
ogre
pàg. 64
gara-gara
llagoter
egòlatra
gralla
gàrgola
rellotge
gorg, gorga
pàg. 65
tortellatge
teòloga, teòleg
regla
ego, ergo

14. S + HITORA

pàg. 66
història, historiar, historiat
ossari, ossat, ossi, òssia, ossós, ossosa
arròs, ostra, rosta, rostit, soia
assirià, saharià, sirià, sorià

pàg. 67

astor, astorar

saó

assassí

ast

rosa, arrasar, arrossar

airós, airosa

pàg. 68

hòstia

artritis, artrosi

hissar

oasi

sàtir

ossos

pàg. 69

àrsia

rosassa

irrisòria

orsai

15. O + ENFARD

pàg. 70

enfornada

orde, ordenada, ordenador, ordenadora, ordenand, ordenar, ordre, reordenador, reordenadora, reordenar

adorador, adoradora, adornador, adornadora, afanador, afanadora, aforador, aforadora, anorreador, anorreadora, arrendador, arrendadora, defenedor, defenedora, donador, donadora, enfardador, enfardadora, enraonador, enraonadora, errador, erradora, fadador, fadadora, ferrador, ferradora, fonador, fonadora, fonedor, fonedora, foradador, foradadora, nadador, nadadora, narrador, narradora, nedador, nedadora, ofenedor, ofenedora, orador, oradora, ordenador, ordenadora, raonador, raonadora, reordenador, reordenadora, rodador, rodadora, rondador, rondadora

pàg. 71

non-non

forà, fora

fona

nord

ona

nonada, nadó, nano

pàg. 72

dron

enraonar

fonda

nero/neró

andorrà, andorrana

rondar

pàg. 73

rododendre

nora

fanfarró

ofenedora

foradada

16. P + CENTRI

pàg. 74

epicentre

epentètic, èpic, epicè, epicentre, epítet

pec, per, pet

intèrpret, pèrit, pinter, triper

pàg. 75

crep

pic

prepirinenc

ceptre

cep

pàg. 76

penic

tip, pit

príncep

tipi

repetir

pàg. 77

preterir

pitet

perenne

èpic, pírric

17. S + DEILUO

pàg. 78

desil·lusió

desidiós, dolós, lilós, odiós, oiós, oliós, ossós, sedós, seuós, sidós, solellós, suós

il·lès, il·lús, il·lusió

dos, sis

pàg. 79

lluís

dièsel

elis

lis

desús

pàg. 80

solell

sud

lesió

elisi

delusió

pàg. 81

dolós

sedós

sessió

solo

uís

18. T + IMORAL

pàg. 82

amoralitat, immoralitat, immortalitat, molaritat, moralitat, mortalitat

amortallar, amortar, amortir, immortal, immortalitat, mort, morta, mortal, mortalitat, mortalla

al·lot, al·lota, al·lotam

llata, llatí, llimató, llit, llitar, llot, llotim

pàg. 83

il·imitat

aorta

morrot

àtom

mirtil

pàg. 84

marmita

tió

malta

marmota

italià

pàg. 85

arraïmat

trot/tort

til·la

tiroliro

19. L + FABUOS

pàg. 86

fabulós

sala, salaó, saló, salol, salsa

sola o solà, solfa, soll, solo

falla, folla, fulla

pàg. 87

flaó

a la babalà

basal

solfa

bull

pàg. 88

bulb

allau

balboa

bassal

falsa, fals

pàg. 89

bufolla

alba

allà

ullblau

20. M + DRAGON

pàg. 90

mandràgora

manada, manador, manadora, manar

amagada, amagador, amagadora, amagar

magrana/mangrana, mango, mora

pàg. 91

arromangar

mormona, monògama

magma

gormand

marrada, morrada

pàg. 92

dragoman

anagrama

amarrar, maroma

amarga

amor, amo

mama

pàg. 93

anàdrom

mannà

drama

amor, roma

21. A + NTIQU

pàg. 94

antiquat

quinta, quintà

quan, quant, quanta, quantia, quantitat, quantitatiu, quina, quinat, quinina, quinta o quintà, quintana, quintant, quítia, quitina

nan, nat, nau

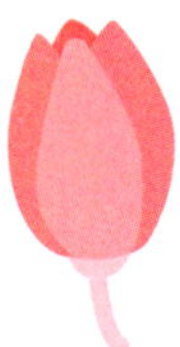

pàg. 95

nua

quanta, quanta

tat

taüt

ant

pàg. 96

quantitat

ianqui

nata, innata

tatú

anit

pàg. 97

taní

quinina

iniquitat

22. C + NEOLIT

pàg. 98

neolític

cicle, cíclic, cicló, ciclònic

cent, centè, centenni, centil, centilló

cloc-cloc, clon, clònic, clot, clotell, clotet

pàg. 99

coiot

coet, ocell

tic, toc

còctel

colló

pàg. 100

col

incontinent

còlic

coll, lloc

oncle

oleic

pàg. 101

nolició

ocelot

conill

23. B + INACLE

pàg. 102

inacabable, inclinable

alb, alba, albaïna, albanell, albeca, albena, albenc, albenca, albí, albina

bicable, bicicle, bicíclic, bicíclica, biennal, bienni, bilabial, bilineal

bla, ble

pàg. 103

enceball

abacial

abella

bala

ceba

pàg. 104

balla

bacallà

eben

biennal

bena

calba

pàg. 105

blancall

cabal

bèl·lic

24. N + SAGTRI

pàg. 106

granissat

sagnant, sagnar, sagnat, sagnia, sang, sangassa, sangtraït

gana, ganassa, ganga, gansa, ganta, garant, garantia, garantir, garrina, garrinar, gatinar

ning-nang, ning-ning

pàg. 107

targarina

tinta

anís

niar, instint

iraniana

ant, arn, arna, sargantana

pàg. 108

sangtraït

granit

sant

sinistre

rinitis

sangria

pàg. 109

tarannà

atarantar

tina

25. R + COATJS

pàg. 110

coratjós, coratjosa

ara, arc, art

corc, corcar, corcat, corcó, corcorcar

rosa, rosar, rosassa, rosat

pàg. 111

corró

carassa

carrota

àcrata

raó, raor

pàg. 112

catacrac

crostó

torró

tsar

ratat

rosca

pàg. 113

taro

sororat

torrat

corcorcar-se

26. I + AMPLR

pàg. 114

rampill, rampí

malai, malaia, malaiàlam, malària, malmirar, malparir

ampliar, apariar, apilar, aprimar, arilar, armil·lar, arriar, arrimar

mai, mia

pàg. 115

armari

llima

aïllar

pipa

mili

pàg. 116

milà

primípara

ira

raïm, raïmar

pària

malària

pàg. 117

rimaia

pai-pai

pilar

27. V + ERNACL

pàg. 118

encavalcar, encavallar

vel, vels, velar, veler, velera

cervell, clavell, ravenell, revell, vell

avellana, avellanar, avellaner, avellanerar

pàg. 119

avar

avenc, avern

calavera

verra

enravenar

pàg. 120

lleva

nevera

canareva, vallenca

caravel·la

rave

pàg. 121

revèncer

narval

caverna

28. L + IDEAST

pàg. 122

destil·lar

detallista, elitista, estilista, idealista, saldista, tallista

estel, estela, estelada, estelat

tal, tel, til

pàg. 123

telesella

tessel·la

alè

telleda

llit

pàg. 124

llata

dilatada

estelada

tallat

lladella

llista

pàg. 125

adalil

salsa, allada

salt

29. O + SPRIFE

pàg. 126

soporífer

repressió, repressor, repropi, repropiós, respòs, ressò, ressopó

proer, proferir, profés, professió, professó, professor

frisó, frisor

pàg. 127

porro, porró

ressopó

pop

roser

pàg. 128

repressió, presó, pressió

peresós

error

ossi

oiós

pàg. 129

operós

espessor

sospir

30. E + AGJMRU

pàg. 130

amarguejar

ema, erra

mare, marea, marejar, marer, marera, marge, marguera, marrameu, marreu

agre, agrejar

pàg. 131

àrea

marrameu

reagregar

erm

gemma

grega, egea

pàg. 132

eruga

regar

guerra

marea

magre

pàg. 133

ruera

magrejar

emú

gemeguejar, murmurejar, rumrumejar

31. B + ACERST

pàg. 134

escarabat

barba, barba-serrat, barbar, barbat, barber, barbera, barbeta, esbarbar

carabassa, carabassar, carabassat, carabasser, carabassera, carabasserar, carabasseta, carbassa

abarbetar, abrasar, acabar, arbrar, arrabassar, atabacar

pàg. 135

cabaret

barber

bàrbara

tabarra

sabre

pàg. 136

beset

bresca

àbac, abecé

bàrbar, berber, àrab

taba

pàg. 137

barsa

baca

sabata

barba-serrat

32. X + ECITAO

pàg. 138

exòtica

caixa, caixet, caixeta, caixetí, caixó, caixot

xac, xec, xic, xoc

texà, txec, txeca, txetxè

pàg. 139

catxa

txa-txa-txa

xicoia

còccix

xot

pàg. 140

xeixa

toixa, totxa

cocotxa

xeic

coixa

pàg. 141

tatxot

taxi

èxit

cotx

33. T + PROSIU

pàg. 142

supositori

prototipus

piritós, pituïtós, potrós, sospitós, tirós, tortuós

sortir, sortit, sortós

pàg. 143

titot

tissú

tossir

tort

tritó

pàg. 144

rostit

torpor

positiu, propòsit

pòsit

otitis

pàg. 145

tostorro

sots

tupí

34. N + ARCBOT

pàg. 146

contraban

a contracor, contraatac, contraatacar, contraban, contrabarana, contrabarra, contrabarrat, contracant, contracta, contractant, contractar, contractat, contractor, contractora, contranota, contratorta

ronc, ronca, roncar, roncor

barana, banana, canana, cabana

pàg. 147

nan

arna

anorac

tanoca

ban

pàg. 148

can

corona, coronat

tronar

noranta

tartana

pàg. 149

roncor

rancor

cabana

35. D + AIMOR

pàg. 150

mirador

roda, rodada, rodador, rodadora, rodam, rodar, rodó

doma, domador, domadora, domar

doi, idò, iod, odi

pàg. 151

diari

ràdio

arada

dard

diorama

pàg. 152

maridar

amador

diada

dorada

ramadà

pàg. 153

dríada

dodo

midó

posar fil a l'agulla, uns tenen la fama i els altres carden la llana, portar llana al clatell, tenir mala peça al teler, fil per randa o punt per punt, perdre el fil, embolicar la troca, penjar d'un fil

36. G + LEITMA

pàg. 154

megàlit

àliga, gaig, gall

gag, gai, gal, gat

lliga, lligall, lligam, lligat, llimaga

pàg. 155

galet

il·legal, il·legítim

magí

aglà

llegit

pàg. 156

agilitat

màgia

llimaga

gelea

imatge

pàg. 157

miàlgia

elegia

taigà

ser llepafils, filar prim, pels descosits, com un fil d'or, anar per llana i tornar esquilat, estirar un/el fil, no cabre-hi ni una agulla, ordir, trencar el fil

Solucionari

37. P + ANTILO

pàg. 158

napolità/napolitana

papa, pipa, popa

àpat, apatia

api, papaia, patata, plàtan

pàg. 159

llop

pilotilla

tapall

aplanat

papa, papal

pàg. 160

papillota

pap

panot

paio, paia

plató

poll

pàg. 161

alapintat

opinió

38. I + HERDTA

pàg. 162

rehidratar

tria, triada o tríada, triar, triat, triedre o tríedre, triradiada, triradiat, trit, trita, triti, tritiada, tritiat

idea, idear, ideari

tití, tità

pàg. 163

tírria

hidra

iaia

iarda

ditada

pàg. 164

rei

tireta

retirada

hereditària

atiar

pàg. 165

dardaire

dietari

dèria

39. U + ALNTGE

pàg. 166

allunatge

llaüt, güell, llengüeta, taüt; les altres són taül, taüla, taülalla

ungla, ungleta, ungulat

angulat, atenuat, enllaunat, enllunat

pàg. 167

lletuga

gluten

antull

gual

ateneu

llengua

pàg. 168

llanut

angula

nul

lanugen

tauleta

taulell, taulellet

pàg. 169

lúnula

40. O + FNEDIS

pàg. 170

fonedís

indefensió

desidiós, insidiós, odiós, ofenós, ondós, ossós, sedós, sidós

fofo, io-io, non-non

pàg. 171

nos

odèon

fondo

insidiós

pàg. 172

iode

son

dofí

idoni

sodi

sonso

pàg. 173

oïdi

ofidis

indonesi

41. E + BRIGMO

pàg. 174

embogir

gerrer, obrer, remeier

erb, erbi, erer, erg, ergo, erigir, erm, erro, error

rebomboreig

pàg. 175

biberó

bomber

remor

morè

emergir

pàg. 176
oboè
roger
ombreig
romer
règim
pàg. 177
regiró
rombe
gebre

42. C + ARMISE

pàg. 178
carmesí
ressec, resseca, ressecar, sec, seca, secà
escàs, escassa, escasser, escassera, escassesa
amic, camí, cima, mica
pàg. 179
cirera
ací
acràcia
caiac
carcassa
pàg. 180
recer
ecs
marcià
recar
carei
emmiscir-se
pàg. 181
macassar
rascar

43. A + MENÇR

pàg. 182
amenaçar
arma, armar, armer, armera
marrà, marrana, emmarranar-se
ram, ran, rar
pàg. 183
menar
arma
març
maça
rea
pàg. 184
mare
remença
aram
rara
mar
arena
pàg. 185
enarçar
arran
amena
raça

44. T + OEIDNC

pàg. 186
etnocidi
dent, dit
cotó, tint
octet, nonet
tec, toc
pàg. 187
idèntic
nit
tet
ètnic
conte
pàg. 188
ninot
decidit
dentadura
decent
nítid
pàg. 189
díton
coent
dot

45. L + SENZIA

pàg. 190
senzillesa
sala, salesià, salesiana, sali o salí, sàlia, salina, salsa, salze
il·lès, il·lesa
all, alzinall, anell, llisall, niell, senill, senzill
pàg. 191
àlies
alzina
aliena
liana
senalla
pàg. 192
senil
salsa
llana
zel
al·lè
pàg. 193
lassa
lilià
línia
alisis

Accés a totes les solucions dels ruscos complets d'aquest llibre:

Agraïments

Aquest llibre, impulsat per en Joan Carles Girbés i coordinat per en Gerard Espelt, l'hem gaudit (molt) i patit (una mica menys) fent-lo en Jordi Palou, creador del Paraulògic i de Rodamots, i l'Agnès Rotger Dunyó, escriptora i periodista, que no havíem coincidit mai abans tot i compartir la passió per la llengua des de fa molts anys, i l'ha dissenyat i maquetat la Maria Miró.

Amb un agraïment especial per la col·laboració i l'enginy d'en Dani Codina.

L'equip d'Ara Llibres agraïm el temps que heu dedicat a aquesta obra, que us permet seguir jugant al Paraulògic tot ampliant els vostres coneixements lingüístics de forma lúdica i enriquidora.

Confiem que haureu gaudit d'aquesta experiència, i per això us animem a compartir la vostra opinió a les xarxes socials. Els vostres comentaris donen sentit a la nostra feina i ens ajuden a impulsar més lluny cada nova proposta editorial.